住宅ローンの相談を銀行にしてはいけません

住まいのFP相談室

岡崎充輝 Mitsuki Okazaki　吉田安志 Yasushi Yoshida

SOGO HOREI PUBLISHING CO., LTD

はじめに

こんな当たり前のことを書いて本になるのか？

実はそんな思いもあります。

今までに、５００件、いや６００件もの住宅ローンの相談に取り組んでいく中で、驚くほど当たり前のことを知らずに、みなさんが住宅ローンを組んでしまっていることを知りました。

その一方で、同じ住宅ローンを利用しても、失敗しない人もいます。

その差はなんでしょうか？

それは、「収入が多い・少ない」のせいでもなく、「頭が良い・悪い」のせいでもありません。住宅ローンという金融商品の、ごく当たり前な仕組みを「知っているか・知らないか」なのです。


経済が右肩上がりで成長していく中では、どんなローンを組んでも、多少の損得は

はじめに

あるものの正直なんとかなるものです。

しかしそんな時代はもう、私たちが生きている間にはきっと訪れないでしょう。

リーマンショック以来の経済状況の悪化で、「住宅ローン難民」なんていう言葉がつくられるぐらい、事態は深刻になっています。

「国はもう経済成長しない」ということを前提とした生き方を、私たちはしていかなければなりません。


住宅ローンの本質は、将来稼ぐ分の現金を、前借りして家を買うということです。

それ以上でもそれ以下でもありません。

本来、住宅を現金で買うのが最も効率的なのは誰もが分かっているのですが、そんなことをすると、住宅を購入するのが定年後になってしまいます。

つまり住宅ローンとは、「この先まだ稼ぎ続ける」ということを前提にしている訳です。


夢のマイホームを手に入れることが、幸せの全てではないことは、みなさんも分かっていることでしょう。

大切なのはマイホームを手に入れてからの人生を、どう渡っていけるかです。マイホーム取得だけにとらわれず、マイホームを取得した後もしっかりと家族の夢を描くことができるかをシミュレーションしなければいけません。

利息の金額は、返済期間が長ければ長いほど意外に大きな数字になるのですから。

住宅ローンと付き合う前に知ってもらいたいこと、そして、この住宅ローンを活用する上で失敗して欲しくないことなどを、本書でまとめてあります。

住宅ローンをはじめ金融のしくみと家計をやりくりする話を、第1～5章で岡崎充輝が担当し、具体的な資金計画のシミュレーションとライフプランニングの話を、第6章で吉田安志が担当いたしました。

本書の中で、ずいぶん金融機関や工務店・ハウスメーカーのことを悪者のように書きました。

もちろん、金融機関の職員の中にも、工務店やハウスメーカーの営業マンの中にも真剣に資金計画をしてくれる誠意のある人はいます。

もしかすると、本当にいい家づくりはそういった人にめぐり合うことなのかもしれません。

平成23年7月　著者

第3章　考えるべきは、あなたの家計

第4章　住宅ローンの正体

第5章　損を出さない住宅ローンの組みかた

第6章 ライフプランはこうして立てる

装丁：中井辰也
組版・図表：横内俊彦

第1章

月々の返済額で考えると、失敗します

根拠の無い資金計画

「毎月の返済額が、○○万円以内ならやっていけそうな気がするのです」

ほとんどの人が、住宅ローンの資金計画をする時、話題の中心を「月々いくら払っていけるのか？」に持っていくようです。

実は、この「月々の返済額」を基準に住宅ローンを考えてしまうと、結果的に失敗します。

しかし、ほとんどの人がこのことを理解していません。

「ええっ、住宅ローンの基本は月々の返済額じゃないのですか？」

と思われるかもしれません。

しかし、これが「住宅ローン地獄」の始まりなのです。

なぜ、私たちは住宅ローンを「月々の返済額」で考えてしまうのでしょうか？

答えは簡単です。

住宅購入を考える人の大半が、現在、賃貸のアパートもしくはマンションで生活しているからです。

つまり、住宅ローンとの比較の前提が、「毎月の家賃の支払い金額」になっているのです。

しかし、「家賃」と「住宅ローン」は本当に比較できるものなのでしょうか？

家計から、毎月支出される住宅関連のお金という点では、もしかすると同じかもしれません。

しかし、家賃はあくまでも家賃です。住宅ローンのように金利の影響は受けません。

一方、住宅ローンは、言うまでもなく「金利の塊です」。

たまに、広告や雑誌、インターネット等で、こんな言葉を見かけます。

「毎月10万円の家賃を30年払えば、３６００万円」

「でも３６００万円払っても自分のものにはなりません」

「同じお金を払うなら、自分の家を手に入れましょう」

なんと、魅力的なフレーズでしょうか。

なんとなく、真実のような気がします。

当然、私も含めて、多くの日本人は「マイホームを手に入れたい」という欲求を心のどこかに持っているものです。

そんな私たちが、こんな「一見」真実のようなフレーズを聞かされると、「やっぱり家は購入したほうがいいのだ」と自己洗脳してしまいます。

これが危険なのです。

このようなフレーズの発信元は、決まってハウスメーカーか不動産業者と、相場が決まっています。

なにかの経済誌の特集で、「今年は住宅・マンションは買い時なのか？」という記事を見かけました。

都内の不動産業者数社をインタビューしている記事なのですが、すべての不動者業者が「今年は、住宅・マンションは10年に一度の買い時だ」と言うのです。

考えてみれば、当たり前です。不動産業者は住宅やマンションを売っている人たちです。

そんな人たちに「今年は買い時ですか？」と尋ねれば、「買い時だ」と答えるに決まっているじゃないですか。

もちろん、世間相場や国の住宅政策などから本当に買い時の場合も多くあります。

しかし、根本的に聞く人を間違っているのです。

「月々○○万円で、夢のマイホームが……」

という話もまったく同じです。

これは、あくまでも「売る側の論理」です。

「この家は３０００万円です」というよりも、「毎月９万円以下で夢のマイホームが手に入ります」と言って売った方が、はるかに売りやすいのです。

もう一度言います。家賃と住宅ローンは、比較の対象にはなりません。

なぜなら、３０００万円の家を手に入れるのに、住宅ローンを利用すると、もしかすると、４０００万円、４５００万円も支払うことになるかも知れないのですから。

家を買ったことがないから失敗する

なぜこんな簡単な罠に、私たちは気づかないのでしょうか？

それは、簡単です。長い人生の中でも、住宅を購入する回数は多くて2回ぐらい。

ほとんどの人が人生に1回しかチャンスがないからです。

つまり、今まで「家を買った経験がない」から家の買い方が分からないのです。

だから、とんでもない方法で、住宅購入を始めてしまうのです。

例えば、同じ高価な買い物でも、「マイカー」なら多くの人が購入したことがあるでしょう。

では、車ならどんな方法で購入するでしょうか？

少なくとも、いきなりベンツのディーラーやBMWのディーラーを訪れて、

「ベンツのSクラスを試乗させてください」

「BMWの7シリーズを試乗させてください」

とは言いませんよね（もちろん最初からベンツやＢＭＷの購入を検討している人は別ですが）。

ほとんどの場合、

「乗用車にするのか、ワンボックスにするのか」

ワンボックスにするのなら

「3ナンバー（普通自動車）にするのか、5ナンバー（小型自動車）にするか」

をまずは、自分たちの予算から考えますよね。

その上でたとえば、ワンボックスの5ナンバーと決めてから、

「トヨタにするのか、ニッサンにするのか、ホンダにするのか」

を選ぶ段階で、はじめて各ディーラー等のショールームへ見学、試乗しに行ったりするのです。

それが、住宅購入になると、いきなり「ベンツ」や「ＢＭＷ」を見に行ってしまうのです。つまりなぜか大手ハウスメーカーの展示場や見学会に行ってしまうのです。

もちろん全てが悪いわけではありません。

しかし、展示場に行く人は最初から、「家が欲しい」という気持ちで行きます。そんな気持ちで、ハウスメーカーの最上級のモデルハウスを見せられれば、「クラクラクラー」と欲しくなってしまうのは、仕方がありません。

欲しくなってしまえば、人間は不思議です。購入するための言い訳を、頭の中で自己洗脳していきます。

もちろん営業マンは、それを購入する為の、とても「すばらしい言い訳」を最大限応援してくれるわけですから、拍車がかかったら止められません。

こうしてめでたく、「もしかしたら、自分たちの身の丈にあってないかもしれない」という高い物件でも、「もしかすれば買えるかもしれない」と錯覚していくのです。

勘違いしないでください。なにも高い家が悪いと言っている訳ではないのです。値段が高いものは高い以上の価値が存在しています。間違ってはいけないのは、「クラクラー」と浮かれないでくださいということなのです。

例えば4000万円の家と3200万円の家。その差は800万円。

800万円も違います。

200万円のカローラと、1000万円のベンツを比較しようとする人はいませんよね。

カローラの予算帯の人が、少し頑張ってベンツを買ってみようなんて思いませんよね。

でも、不思議なことに住宅購入だと、この数百万円の差が麻痺してくるのです。

「もしかすれば、何とかなるかもしれない」と思ってしまうのです。

言い訳は簡単です。

「一生に一度の買い物だから、後で後悔しないようにしたい」

もっともな考え方です。

しかし、この何百万円の違いは、単純に何百万円では済みません。

そこに金利が乗っかってくるわけですから、プラス200万円も300万円も払わなくていけないのです。

どうして住宅購入になると、「少し頑張れば、買えるかも知れない」と思ってしまうのでしょうか？

分割払いの罠

住宅購入の最大の罠は、支払い方法が「分割払い」ということです。

もしかしたら、日本の政府自体がトップになって作り上げた、国家的な罠かもしれません。

それが、「住宅ローン」です。

例えば、３０００万円の住宅ローンを変動金利1％、35年返済で組んだ場合（ボーナス返済なし）、返済当初の返済額は、毎月約8万４７００円。

もし同じ条件で、３５００万円の住宅ローンを組むと、月々の返済額は、約9万８８００円。

その差、約1万４０００円となります。

家の値段が「５００万円」違うとなると、すごい違いますよね。

図1　毎月の返済額で考えると、失敗します

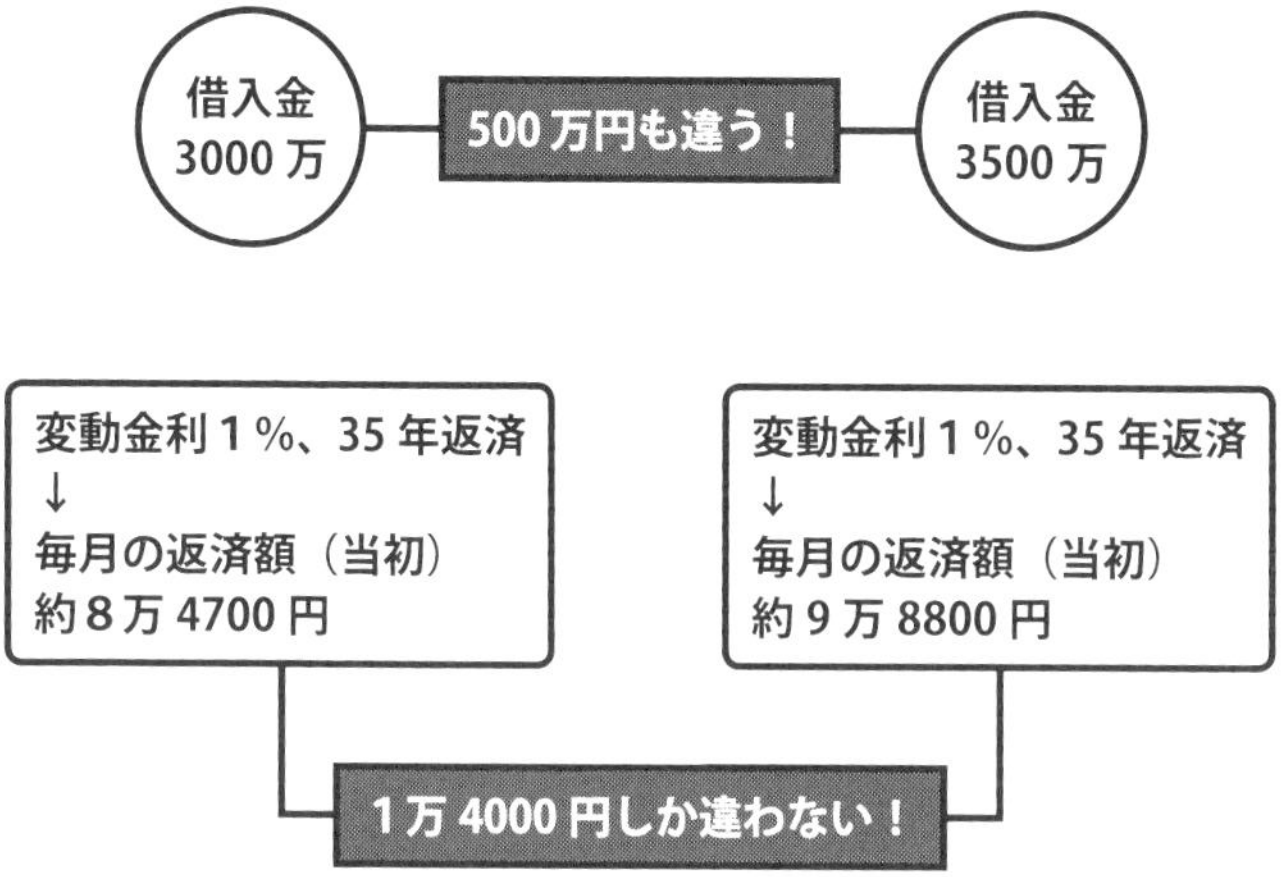

でも、毎月の支払額が1万4000円程度違うだけとなれば、なんとなく支払っていけるような気がしてしまいます（図1）。

これが、分割払いの罠なのです。

さすがに1000万円、500万円違うとなると、毎月の返済額が数万円単位で違ってくるので、冷静な人なら、「これはいけない」と思うかもしれません。

でもこれが、100万円ぐらいの違いだと、毎月の支払額は3000円ほどしか増えません。

そうすると、「100万円ぐらいならいいか」と思ってしまうのです。

それにもう一つ、この分割払いの数字に

は大きなトリックが隠れています。

それは、金利と返済年数です。

同じ３０００万円の住宅ローンを１％の金利で計算するのと、３％の金利で計算するのでは、毎月の返済額が３万円も違います。

また、同じ金利でも、返済年数を35年にするのと、25年にするのでは、１万７０００円も違います。

こんな簡単な数字のトリック、少し考えれば簡単に分かりそうなものなのに、どうして気が付かないのでしょうか。

家を売っている人・お金を貸している人に相談していませんか？

分割払いの罠にはまってしまう大きな原因はなんでしょうか？

その一番の原因は、相談する相手を間違えているからです。

先ほどの「家は今年買い時ですか？」という雑誌記事と同じく、家の資金計画をするのに、家を売っている人に相談してはいけないのです。

家を売っている人は、家を売るプロです。もしくはいい家をつくるプロなのです。

決して、住宅ローンのプロではありません。

もちろん、住宅の営業マンが全て悪いわけでもありません。

当然、お客様が本当に幸せになることを、目指して一生懸命に相談に乗ってくれる営業マンも少なからずいます。

しかし、彼らもまた、住宅ローンについて専門的な知識はありません。

ですから、一般的に知られている知識でしか、お客様に説明できないことが多いのです。

では、銀行員をはじめとする金融マンは、相談相手としてはどうでしょうか？

いかにも、金融のプロフェッショナルな感じがします。

しかし、残念ながら相談相手としては、今ひとつの部分があります。

彼らは、お金を貸すプロです。

どのくらいの年収で、どんな仕事していれば、どれだけの住宅ローンが借りられるのかを相談するのには適当な専門家です。

ですから、希望の金額を借りるためには、どういう風にすればいいのかはよく知っています。

しかし、金融マンの基準は、どのくらいの金額までなら、この人に貸しても返済してもらえるかを基準とするのであって、住宅ローンを借りる人が「この先幸せな人生を送れるのかどうか」まで、もちろん考慮にはいれていません。

第3章でも説明しますが、住宅ローンという商品の性質上、いくらまでの住宅ローンを貸せるのかを判断しているのは、金融機関ではありません。ましてや、住宅ローンの担当者でもないのです。

金融機関の職員は、その手続きの業務を行っているだけであって、手続きのプロなのです。

決して、資金計画のプロではないことを理解してください。

正直、住宅ローンについては、専門家と呼ばれる人が少ないのが現状です。

弁護士や税理士のような国家資格がある訳でもなく、専門職があるわけでもないので仕方がないのかもしれません。

それだけに、自分で理解して、取り組んでいかなくてはいけないのです。

家は、人生で一番高い買い物なのですから……。

人生で一番高い買い物は「家」ではない？

実は、人生で一番高いものは「家」ではありません。

先ほど、「人生で一番高い買い物だ」と言っていたのに、いきなりですか！　と思うでしょう。

正確には、家が人生で一番高い買い物であって欲しいと思うのです。

それは、どういうことでしょうか？

次のグラフを見てください（図２）。

これは、１９８５年から２０１０年までの住宅ローンの金利の推移を表したものです。

実線は、銀行の変動金利を示したもので、点線は、公庫基準金利。つまり今は住宅金融支援機構に組織替えしてしまいましたが、そうなる前の住宅金融公庫の基準金利を示したものです。

図２　住宅関連金利の推移

見ていただければお分かりでしょうが、この直近で一番金利が高かったのは、１９９１年ちょうどバブルがはじけた年です。

銀行の変動金利が、８・５％で、公庫の基準金利が５・５％でした。

当然、この頃に住宅ローンを組んだ人の大半は、５・５％の金利の安い住宅金融公庫で借りました。

さすがに、銀行の変動金利が８・５％では、借りる人も少数だったことでしょう。

では、購入する住宅３０００万円をすべて住宅ローンで組んだ場合、35年返済、５・５％の住宅金融公庫で借りたとすると、35年間の返済総額はいったいいくらになるでしょうか？

図3　利息はこんなに発生する

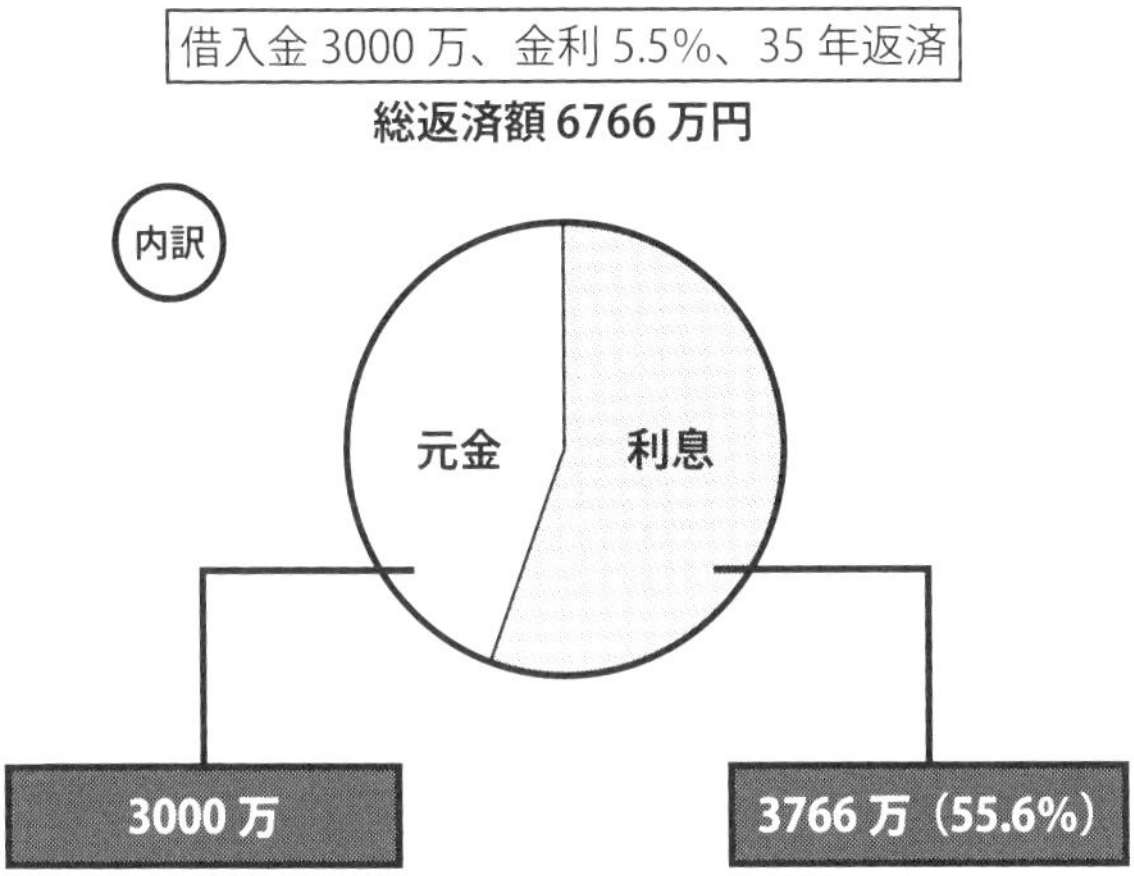

当然、5・5%の金利が付くわけですから、3000万円以上になることは、簡単に想像できますよね。

さあ、いくらになると思いますか？　4000万円ですか？　5000万円ですか？

答えは、なんと約6766万円。返済合計額の中で、利息が占める割合が、55・6%（図3）。

簡単に言えば、購入した住宅の金額より、支払う利息の金額のほうが、多いという計算になるのです（ちなみに、35年返済の場合、金利が4・55%で、借りた金額と支払う利息がほぼ同額になります）。

もしこうなった場合、人生で一番高い買い物は家でなく、住宅ローン金利となってしまうのですから恐ろしいことです。

だからあえて、こうなって欲しくないという意味も込めて、「人生で一番高い買い物が、家であって欲しい」と言ったのです。

もちろん、１９９１年に35年返済の住宅ローンを借りた人は、まだ住宅ローンを支払っている最中です。

当然、５・５％の金利の公庫で借りたままという人の方が少ないでしょう。

しかし、一つ間違えば、**「購入した家以上の住宅ローンを支払うことになるかもしれない」**ということも頭にいれておいて欲しいのです。

また、こんな皮肉もあります。

１９９１年当時、同じ金額を、同じ時期に、35年返済で借りた2組の夫婦がいたとします。

一方の夫婦は銀行の変動金利で、もう一方の夫婦は住宅金融公庫で住宅ローンを組みました。

これはあくまでも、シミュレーション上のことなのですが、もし今現在、2組とも借り換えもしないで、当初のまま住宅ローンを返済したとすれば、なんと当初8・5%の銀行の変動金利で借りた夫婦のほうが、今現在の住宅ローンの残高が少ないという計算になるのです。

つまり、住宅ローンは今目先の金利の高さで、選んではいけない。ということにもなるのです。

付き合いの長い金融商品

住宅を購入する一番いい方法は何かと聞かれれば答えは簡単です。

現金で購入すればいいだけの話です。

4000万円ぐらいお金を貯めて、1000万円ぐらい手元において、残り3000万円ぐらいの物件を購入する。

これが最良の住宅の買い方です。

しかし、それができないから、住宅ローンを組んでいる。

つまり、住宅ローン金利は、将来手にすべき住宅を、今手に入れるためのコスト。時間を買う費用だと考えるべきです。

住宅ローンを金融商品だと考えれば、ほとんどの人にとって、人生で最高額の、そしてもっとも付き合いの長い金融商品だということを忘れてはいけません。

だからこそ、もう少し考えていただきたいのです。

もう一度、先ほどの住宅ローン金利の推移表（28ページ）を見てみましょう。

直近でもっとも金利の高かった、1991年。

約19年前、皆さんは何をしていましたか？

ちなみに、私は高校3年の受験生の年でした。

皆さんの中には、中学生だった方も、社会人1年目だった方もいるでしょうか？

その頃を思い出して見て下さい。

金利が8・5%、5・5%だった1991年は、そんなに昔のことだったでしょうか。

歴史的に見れば、そんなに大昔のこととは言えません。

住宅ローンは、長い場合で35年という人生の約半分も付き合っていく金融商品です。だからこそ、そう遠くない昔に、８・５％、５・５％の金利だった時代があったことを考えて欲しいのです。

リーマンショック以来の経済状況で、確かに今は低金利の時代です。この先も金利が４％や５％になる時代は、来ないかもしれません。

しかし、長い住宅ローン人生、何が起こるか分からないのも、また事実なのです。少し言いすぎかもしれませんが、金融商品を購入するということは、言い換えればギャンブルをするのと同じことです。

我々のような金融商品ばかりを毎日扱っているわけでもない素人が、ギャンブルのテーブルにつくのであれば、勝てなくてもいいので、負けにくいゲームをすることが、セオリーなのです。

第2章

急増する住宅ローン難民

先を考えず失敗したBさんの例

Bさんは3年前、3000万円の住宅ローンを組んで夢のマイホームを手に入れました。手に入れたマイホームでの初めての夕食は、格別でした。

「俺もやっと自分の城を手に入れた」

ここまで来るのに、物件探しや資金繰り、両親の老後をどう面倒見るかという問題。色々なことが短い間にドーンと起こりました。それをひとつずつ解決し、乗り越えたどりついたマイホーム。この時の夕食は最高でした。3年後、これまで以上に苦しむことになるとは知らず……。

「なんとか、上の子が小学校に入学するまでに、マイホームを手に入れたい」

それが、住宅購入の一番の動機でした。

「まだ、下の子が2歳。妻が働きに出ることができるのは、3~4年後。家計的には一番苦しい時期だが、このタイミングを逃してはいけない」

そう考えた上での大決断でした。

当時、家賃が7万円で、マイホームのために毎月2万円ずつ預金をしていたBさんは、「毎月の返済が9万円までなら、今までと同じ生活をしながら住宅ローンを払っていける。それに3～4年もすれば、妻もパートぐらいはできるだろう。そうすれば家計的には楽になる」と、思いながらも決めかねていました。

そこに、「みなさんこれぐらいのローンなら払っていますよ」という、営業マンの一言で住宅ローンの購入に踏み切りました。

「毎月の返済額が9万円以内なら……」

その思いを知ってか知らずか、ちょうど営業マンが出してきた資金計画が、次のような条件でした（図4）。

結婚して7年。それぞれが独身の頃に貯めていた貯金200万円と、長男が生まれるまで共働きして貯めた300万円。

長男が生まれてからは、なかなか思うように貯金もできず、なんとか5年で200万円が限界でした。

図4　Bさんが営業マンから提示された返済プラン

毎月の返済額 **87,510** 円
購入価格 **4200** 万円
頭金　**1200** 万円
（自己資金 **600** 万円。それぞれの両親から **300** 万円ずつの援助）
住宅ローン **3000** 万円
返済年数 **35** 年
金利 **3** 年固定 **1.2**%

自己資金600万円を使えば、手元に残るのが100万円になってしまうという不安がなかった訳ではありません。

しかし「これ以上、月々の返済が増えては生活ができない。それにローンは1円でも少ないほうがいい」という判断から、できるだけの自己資金を捻出しました。

納得いくプランで、納得いく返済計画。いくつかの金融機関のローン相談会にも足を運びましたが、どこも大きな違いがある訳でもなく、結局営業マンのおススメの金融機関でローンを組み、住宅を購入しました。

「できるだけのことは、精一杯やった」。ある程度満足できる結果に喜んでいました。

約3年後に1枚のはがきが送られてくるまでは……。

マイホームを手に入れてから、3年が経とうというある日、住宅ローンを借りている金融機関から、1通のはがきが届きました。内容は、こんなものでした。

住宅ローン3年固定がまもなく終了します。
○○月○○日までにお手続きを行わない場合は、自動的に変動金利へと移行します。
○○月○○日までにお手続きをされた場合は、3年固定・5年固定・10年固定を選択することが可能です。
ちなみに、現在の当行の金利は、
3年固定　1・85％
5年固定　2・10％
10年固定　2・50％
（※実際の適用金利は○○月の金利ですので、変動する場合がございます）
お手続きされる場合は、このはがきと実印を持参のうえ、当行窓口までおこしください。

最初は、「そうか、3年固定だからなあ」という程度でした。

借り入れ当初は、0・1%の金利の変動にも神経をとがらせていましたが、3年も経ってしまえば、今支払っている住宅ローン金利が何%だったのかも覚えていません。

手続きの日まで、まだ期間もあったので、のんびりと構えていました。

ある日曜日、「もうそろそろ、銀行に手続きに行ったほうがいいんじゃない?」と妻にせかされ、重い腰をやっと持ち上げ、3年前の住宅ローンの契約書と返済表をタンスの奥から引っ張り出して見直してみることにしました。

「そっかあ、3年前に住宅ローンを組んだ時は、1・2%の金利だったんだなあ。どれどれ、今の住宅ローン残高は、ああ。そんなに減ってないなあ。で、この状態でまた3年固定にすると、1・85%で、月々返済が……」

「ええっ! 毎月9万6302円。1万円も増えるのか!」

ただでさえ、この経済情勢で残業も減っている。給料なんて増えていない。

下手すれば、3年前より手取りの給料は減っているぐらいだ。

いったいどうすれば、いいのだろうか……。

私のところに相談に来られるまでの経緯はこんな感じだったようです。

「毎月1万円も返済が増えては、家計がギリギリです。なんとかなりませんか？」

というBさんの相談に、私はこう答えました。

「Bさん。確かに毎月1万円も返済が増えるのは大変なことです。でもそれ以上に住宅ローンそのものを理解していただく必要があります」

そして、私はホワイトボードに次のように書きました（**図5**）。

「Bさん、総返済金額というのは、残り期間全期間、借入時の金利で変動しなかった場合の返す金額の総額です。分かりますよね」

「では、Bさん。この3年間で、Bさんの住宅ローンは、減ったと思いますか？」

「**そう、減ってないことと同じですよね。むしろ3年前よりも、これから32年間で返す金額は増えていることになります**」

Bさんご夫妻はひどく混乱してみえるようでした。

図5　3年前と比べて、むしろ増えてしまったBさんの総返済金額

借入金額 **30,000,000**
返済年数 **35** 年 **1.20**％（**3** 年固定）
毎月返済額 **87,510** 円
総返済金額 **36,748,958** 円

３年後
借入残高 **27,892,976** 円
残年数 **32** 年 **1.85**％（**3** 年固定）
毎月返済額 **96,302** 円
総返済金額 **36,972,177** 円
（これから **32** 年間で返す金額）

実は、このような相談は少なくありません。

住宅ローンというのは、複利の金融商品です。当然、金利の変化で、こういう結果になることは、少し考えれば誰にでも分かることです。

しかし、ほとんどの人が住宅購入の時には、その現実を知りません。

Bさんは、混乱をされながらこう質問しました。

「ということは、今回3年固定を利用するとして、また3年後、金利が高くなっていたら、また返済金額は減らないことになるのですか？」

「そうですね、また同じくらい金利が上昇

すれば、住宅ローンは少ししか減らないことになっているでしょうね」

Bさんは、信じられないという顔をしてこう叫びました。

「じゃあ、いつまでたっても住宅ローンが終わらないってことですか！」

実際は、住宅ローンの返済期間は、よほどのことがない限り最初に契約した期間を延ばすことはできません。

だから、住宅ローンが終わらないということは、ありません。

つまり、無理やり終わらせるように、月々の返済額を増やすしかないのです。

Bさん夫妻は、その後様々な相談を繰り返しながら、最終的には10年固定へと変更することになりました。

月々の返済額は、10万5598円。

おおよそ2万円弱毎月の返済額が増えたことになります。

その金額を捻出するために様々な家計の見直しを行いました。

ここでのポイントは、10年固定に変更したことではありません。今回Bさん夫妻の判断の基準――住宅購入当初に考えていた「毎月9万円以内の返済」は、なんの根拠にもならなかったということなのです。

これからも増える、住宅ローン難民

Bさんのようなケースは特殊なケースではありません。

もしかすると、少し知識がある方なら、「他の金融機関に借り換えればいいんじゃないの?」と、思われる方もいるのではないでしょうか?

当然、借り換えも一つの手段としては、考えるべきでしょう。

しかし、借り換えには費用が発生します。

手数料や登記の費用などで、また数十万円の費用を自分の自己資金から捻出しなくてはいけません。

また、借り換えしても原則当初契約した返済期間は伸ばせない上に、金額を増やすことができないのが現実です。

ここ数年の経済状況で年収が大きくダウンしている場合は、借り換えそのものも難しいケースが多々あります。

2010年ごろから「住宅ローン難民」という言葉をよく耳にします。

文字通り、住宅ローンが返済できなくなり、ローンの肩代わりとして住宅を差し押さえられてしまった人たちのことを指して使う言葉です。

リーマンショック前までは、金融機関はこぞって住宅ローンの販売に重点をおいてきました。

冗談のようですが、当時は派遣労働の人でも、住宅ローンを借りることができたのです。

そして、記憶に新しい「派遣切り」で、住宅ローンの返済ができなくなった人が、住宅ローン難民となっていったのです。

しかし、事態の深刻さは、ここからさらに大きくなるのではないかと思われます。

それが、Bさんのようなケースです。

当然、金利がこの先上がるかどうかなんて、神様でもない限り、誰にも予測はできません。

それが、予測できると言う人がいるのであれば、その人は詐欺師だと思った方がいいでしょう。

しかし、今住宅ローン金利が低いポジションにあるのは、確かです。

もちろんこれ以上下がる可能性がない訳ではないし、この低金利が長く続くかもしれません。

でも、この先金利がどうなるにしろ、低いポジションに金利がある以上、「この先、金利は上がるものだ」と仮定しておいたほうがいいのです。

昨今、なぜか金融機関は変動金利を勧めているようです（金融機関がどうして、変動金利を中心に勧めてくるのかは、第４章で紹介します）。

別に、変動金利を否定する訳ではありません。ただし「金利は上がる可能性を持っている」「月々の返済金額だけに目を奪われていけない」などを忘れて住宅ローンを組む人が多い以上、この先の経済状況を考えれば、「住宅ローン難民」はまだまだ増えるのではないでしょうか？

しかし、どうして家が差し押さえになる前に売ってしまわなかったのだろうか？

という疑問を持ちませんか？

住宅は、アパートと違って、自分の資産です。

もし、生活が苦しいのなら、資産を売却して、借金の返済にあてればいいのではないでしょうか。

「家賃を資産に変える」の嘘

住宅を売って、ローンの返済にあてる。

返済が苦しいのであれば、そうやって仕切り直せばいいものなのに、どうしてできないのでしょうか？

それは住宅が、資産は資産でも「リスク資産」だからです。

「家賃を資産に変えましょう」。聞こえはいいでしょうが、これは大きな間違いです。

住宅を資産の購入、つまり投資と定義するのであれば、その理由が分かるはずです。

通常、投資するなら将来に向かって儲かるものに投資します。

しかし、住宅はどうでしょうか？　購入した住宅を3年後や10年後に売却した時に、買った値段以上に売れるでしょうか？

答えは「NO」です。ごく一部の特殊な場所を除いては、そんなことがありえないことぐらい、みなさんも御存じのはずです。

この切り口から考えるならば、「わざわざ価値が下がる資産」を「ローンを組んで購入する」ことが、いかに投資としては考えられないことか、ご理解いただけると思います。

ですから、住宅購入資金の80％以上を住宅ローンでやりくりした場合にどうなるかは、少し考えれば分かります。

そう、家を売却する値段より、なんと住宅ローンの残高の方が多いということになるのです。

もちろん、こんな統計はないのですが、**わたしの感覚では、ほぼ80％以上の人が、家の資産価値（つまり売れる値段）より住宅ローンの残高の方が多いはずです。**

つまり、ローンを返済できなくなり、住宅を手放したとして、売れる値段が2000万円なのに、住宅ローンの残高はまだ2500万円残っているということが起こります。

「でも、その差額が500万円なら、月々返済しても今までよりはずーっと楽になるじゃないですか」

と思われる人もいるでしょう。

しかし、ここが住宅ローンの商品の難しいところです。

住宅ローンを借りる場合、通常その住宅は担保と言って、借金のかたにとられています。

というよりも、住宅が借金の担保になっているから、我々でもローンが組めるのです。

住宅を売却するということは、その担保を失うことになります。

担保がなくなってしまった以上、そのローンは、即座に全額返済しなくていけません。

これが、住宅ローンという商品なのです。

だから、「残りの500万円だけ、じっくり返済すればいい」といった甘い考えは通らないのです。

言い方を変えれば、住宅を売却できるのは、そのローンを全額返済できる人に限られているということなのです。

返済できるお金がないから、住宅を手放したいのですが、現実はそれで残りのローンを全額現金で返せる訳ではありません。

つまり、売るに売れないのです。

こうして、破産するまでローンを払わなくてはいけないのです。

そういう意味では、住宅は少しも資産にはならないのです。

むしろ、住宅ローンを組んだ段階で、資産の目減り分と住宅ローンの差額をきちんと計算して、その分をリスク回避のために貯金しておくことが必要なのです。

実は、こうした当たり前のことがあまり語られていません。

バブルの頃などすっかり過去の時代なのに……。

つい数年前までは

つい数年・数十年前までは、そんなことを考えなくてもいい時代がありました。

バブル時代のころは、いうまでもなく土地の値段が上がり続けました。

土地の高騰は、資産の上昇を意味しますから、ローンで購入してもよかったのかもしれません（結果的に、ローンを組んで土地を購入した人が、あとで大変な目にあったことはみなさんも御存じのことですが）。

バブル絶頂の頃、都心のマンションを購入するのが抽選で行われていて、当たらないと住宅が購入できない――なんてことを題材にしていたドラマがあったことを覚えています。

時代は、すっかり様変わりしたのに、住宅購入の仕方だけが、古典的なのはなぜでしょうか？

また、バブル崩壊でいったんは不景気になったものの、数年前までは景気も回復し、それに付け加えて低金利だったために、住宅購入を全額ローンで組んでしまうという時代を迎えました。

そして、その状況が永遠に続くと思ってしまったのです。

貸してもらえる金額VS借りてもいい金額

さて、「月々返済」だけで、住宅ローンの資金計画を立ててはいけないのは、充分理解していただけたことでしょう。

では、いったい何を基準に資金計画をしていけばいいのでしょうか？

「もしかすると、銀行が貸してくれる金額が適正な金額かも」と思われる方もいらっしゃるかもしれませんね。

それでは、ここで**貸してもらえる金額**を計算してみましょう。

お手元に電卓をとりだして計算してみてください。

実際に貸してもらえる金額というのは、金融機関ごとに基準が異なります。中には、基準を明確にお客様に提示していない金融機関もあります。

そこでここでは、公的な制度として住宅金融支援機構（旧住宅金融公庫）が提供しているフラット35という住宅ローンで考えていくことにしましょう。

図6　フラット35（住宅金融支援機構・提供）で貸してもらえる金額

年収に占めるすべてのお借り入れ（フラット35を含みます）の年間合計返済額の割合（＝総返済負担率）が、次の基準を満たしている方（収入を合算することもできます）。

年収	400万円未満	400万円以上
基準	30%以下	35%以下

フラット35の場合、ホームページにはっきりと、次のように書かれています（**図6**）。つまりこの条件で、計算すればどのくらい住宅ローンが借りられるのかが分かるのです。

それでは、計算してみましょう。

まずは、ご自分の正確な年収を思い出してください。

「えっ！　正確な年収？」と思われた方も多いのではないでしょうか？

意外と、皆さんが普通に使っている「年収」という言葉もあやふやですよね。

しかし、住宅ローンの審査における「年収」というのは決まっています。源泉徴収票の「支払金額」という欄を指して「年

図7　源泉徴収票の見本

平成　年分　給与所得の源泉徴収票

支払を受ける者	住所又は居所	東京都港区赤坂	氏名	（フリガナ）ソウゴウ　タロウ　総合　太郎

種別	支払金額	給与所得控除後の金額	所得控除の額の合計額	源泉徴収税額
給与賞与	5 000 000	3 460 000	730 000	218 400

控除対象配偶者の有無等	配偶者特別控除の額	扶養親族の数（配偶者を除く）	障害者の数（本人を除く）	社会保険料等の金額	生命保険料の控除額	地震保険料の控除額	住宅借入金等特別控除の額
＊				297 000	50 000		

（摘要）住宅借入金等特別控除可能額　54,600　円　国民年金保険料等の金額　円

配偶者の合計所得　千　円
個人年金保険料の金額　千　円
旧長期損害保険料の金額　千　円

未成年者	乙欄	本人が障害者 特別	本人が障害者 その他	寡婦 一般	寡婦 特別	寡夫	勤労学生	死亡退職	災害者	外国人	中途就・退職 就職	中途就・退職 退職	年	月	日	受給者生年月日 明	大	昭	平	年	月	日
																		＊		50	09	02

支払者	住所（居所）又は所在地	東京都港区
	氏名又は名称	株式会社　総合商事　（電話）

整理欄　①　②

収」といいます（図7）。

一般的に額面のお給料の総額にあたる金額です。

それではこの金額を使って、貸してもらえる金額を計算していきましょう。年収が400万円未満の人は、30%を掛けます。年収が400万円以上の人は35%を掛けます。

そして、出てきた数字を12で割ります。

例えば年収が500万円の人の場合

500万円×35%＝約187万円

約187万円÷12＝約15万6000円

となります。つまり年収500万円の人は、月々15万6000円（ボーナス返済なし）の住宅ローンまでなら貸してもらえるということになります。

皆さんは計算してみてどうでしたか？

きっと「余裕で払っていける金額だわ」なんて方は、ほとんどいないでしょう。

そうなんです。

実は、貸してもらえる金額で住宅ローンを組むと、ほとんど場合でオーバーローンになってしまうのです。

貸してもらえる金額で、住宅ローンの資金計画をすることは大変危険だということになります。

つまり、「借りてもいい金額」と「貸してもらえる金額」は、全然違うのです。

では、借りてもいい金額はどうやって決めればいいのでしょうか？

実は、今のところ日本中探し歩いた結果、借りてもいい金額を導き出す方法は、たった一つしかありませんでした。

それは、ライフプラン（人生設計書）から計算するという方法です。

いきなり、ライフプランと言われてもとっつきにくいと思いますので、まずはそのライフプランを立てる前に、知っておいてもらいたいお話をしようと思います。

第3章 考えるべきは、あなたの家計

どんな住宅ローンよりも、家計のやりくり

「住宅ローンを組んだら、生活が苦しくなった！」

こんな相談をよく受けます。

かなしい話です。住宅ローンの返済のために、副業で深夜バイトをはじめたご主人もいました。

ご主人が休みの土日に、フルでパートをしている奥様もいます。

せっかく夢にまでみたマイホームを手に入れたのに、「ほとんど家族そろって家にいることはない」。こんなことではさびしい話です。

住宅を購入することが、人生のゴールでは、もちろんありません。

これからです。

子育てをしながら、教育費を用意して、車も買い替えて、自分たちの老後資金も準備していかなくてはいけないのです。

そこまで考えてライフプランを立てていかなければいけません。しかしそのライフ

プランを立てるのには、「前提」があります。

それは、「正しく家計のやりくりをしていく」ということです。

これができていないと、いくらライフプランを組んでも「絵に描いた餅」になってしまいます。

中には、ファイナンシャルプランナーにライフプランを作ってもらったことがある方もいるでしょうが、この前提を踏まえた上でないと、まったく意味をなさないのです。

家計の重要な「20％」を抑える

「家計のやりくり」なんて聞けば、すぐに「節約！」と思いつくかもしれません。

昨今の経済状況もあってか、「節約」ブームのようで、雑誌やテレビ番組でも多く取り上げられています。

「食費は、収入の○○％までに」

「旦那のお小遣いは、手取りの○○％までに」

など、細かいことまで書いてある女性誌なども目にしますが、実はあまり意味がありません。

もちろん節約は、しないよりもするに越したことはありません。

しかし、しょせん「節約」はガマンのかたまりですから、長続きはしないのです。

ましてや、この日本は社会主義国でも、共産主義国でもありません。どのお金をいくらぐらい、どんな割合で使うかは、その家族の個性ですから、ひとくくりに「何に○○%まで」なんて決め方をすることに無理があるのです。

20対80の法則というのは、ご存じでしょうか？

パレートの法則というもので、「大事な20%がその他の80%を決めている」という有名な法則です。

例えば、アリは働き者のようなイメージがありますが、全体の20%のアリが80%分の働きをしているだとか、ビジネスにおいては、全体の20%のお客様が80%の売り上げをあげているという例え話で登場する法則です。

実は、家計でも、この20対80の法則――パレートの法則があるのです。

家計のやりくりをしていく上で、大事な20％を管理できれば、大幅に家計のやりくりができるようになるという訳です。

「節約」はその場のブームに終わることが多いものです。

なんとなく「節約」している良妻賢母を演じてみては、自己満足。

「こんなに頑張っているのだから、少しだけご褒美」といっておいしいランチや、ブランド物を買ってしまっては、本末転倒ですよね。

そんなことよりも、まずは大事な20％を管理して、家計が上手にやりくりできる。そんな仕組みをつくる必要があります。

難しいことではありません。

簡単な3つのポイントを押さえれば、実は簡単に改善することができるのです。

家計を左右する3つのポイント
その1　「浪費傾向を見直す」

[どんな家計が浪費傾向？]

ポイントの一つ目は、「浪費傾向を見直す」ということです。

「ええっ！　そんな当たり前のこと、あなたに言われたくはありません」と思う方も少なくないでしょうが、まずは話を聞いてください。

そもそも、「浪費傾向の家計・浪費傾向じゃない家計」とは、どんな家計でしょうか？

そうなのですよね。一概に「浪費傾向」と言われても、明確な基準がありません。

そこでここでは、それらを区別する基準をご紹介したいと思います。

まずは、この基準で自分の家計が「浪費傾向なのか、そうではないのか」を判断してみてください。

浪費傾向の家計は、次のように家計のやりくりをしている家計です。

［浪費傾向の家計］
収入－支出＝貯蓄

給料日にお給料が、振り込まれます。「今月はあれを買って、これを買って、あの支払いをして、子どもの教育費を払って……。今月も貯金できなかったなあ」なんて思いをしたことはありませんか？

そうであれば、典型的な「浪費傾向」です。

これでは、支出を節約することでしか、貯蓄を増やすことができません。

いつも「支出」が優先順位のトップで、貯蓄が結果になってしまっているのです。

では、浪費傾向ではない家計は、どのようになっているのでしょうか？

もう、お分かりですよね。

［浪費傾向ではない家計］

収入－貯蓄＝支出

これだけです。単純に支出と貯蓄の場所を入れ替えただけで、意味がまったく変わってくるのです。

こうすれば、貯蓄が優先順位の第1位になりますから、まずは貯蓄分を差し引いて、残りを使うという発想になります。

計画的に貯蓄はできているのですから、その残りは、何に使っても構いません。車が好きなら車に、旅行が好きなら旅行に使えばいいのです。

大事なことは、計画的に貯蓄をすることです。第2章でもお話したとおり、住宅は資産が減少していくリスク資産です。

必ず、一定の貯蓄を計画的にしていかなければ、「住宅ローン難民」になりかねないいのです。

[貯蓄には3つある]

では、どのくらい貯蓄するのが理想的なのでしょうか？

実は、貯蓄は３つの種類に分けることができます。

ここで、あえて貯蓄の説明をするのは、貯蓄と貯蓄ではないものの区別が、漠然としている人をよく見かけるからです。

来月支出する予定のあるお金は、今預金通帳にあっても貯蓄とは言いません。

では、支出する予定があって、そのためにコツコツ貯めているのはどうでしょうか？　これは、支出する目的が決まっていたとしても貯蓄と言えないでしょうか？

一言で、貯蓄といっても、これぐらいあやふやなものなのです。

そこで、納税準備預金・目的別預金・純預金の３つに分けて管理することをオススメします。

その一つ一つを順番に説明していきましょう。

［貯蓄その１　家計でも必要な「納税準備預金」］

会社では、一般的なこの言葉も、家計では聞きなれない言葉ですよね。

家計における納税準備預金というのは、毎月毎月はその支払いが発生しないのですが、1年に1回もしくは2年に1回など、必ず支払わなくてはいけないお金を指しています。

例えば、自動車税や車検代。住宅を購入すれば、固定資産税。自動車保険などを年払いしていれば、自動車保険などもこれに該当します。

自動車税や固定資産税は、悲しいことに3月や4月などの春先にまとめてやってきます。

人間とは不思議なもので、毎年同じ時期にほぼ同じ金額が請求されるのに、

「うあー。また来た」

「うあー。もう来た」

「こんなに来た」

とあせるのです。

金額も時期も決まっていて、必ず払わなくてはいけないものですから、日頃から準備しておけばいいはずなのに、不思議ですよね。

おススメは、必要な金額を12回で割って、月々分割して準備しておくことです。

もちろん、ボーナスがきちんと安定して見込める会社・職業にお勤めの場合は、12

月のボーナスで、納税準備預金分を用意する方法もいいでしょう。

［貯蓄その2　意外と貯めていない「目的別預金」］

次に、準備しておきたい貯蓄は、目的別預金です。

使う目的が明確な貯蓄なのですが、金額が大きなものを対象としているので、場合によっては年数が5年・10年となることもあり、貯蓄として準備します。

代表的な目的別預金は、なんといっても自動車です。

自動車の買い替え費用が300万円。10年に一度買い替える場合、毎月で割ると月々なんと2万5000円ずつ貯蓄しなければいけません。

もし車を2台所有している場合、その金額が3万円にも4万円にもなる場合もあります。

そう考えると、自動車はお金がかかるものですよね。

おススメなのが、家電預金。

大抵の場合、結婚10年ぐらいになると、大物家電が、毎年一つずつ壊れていきます。

まずはオーディオプレイヤーから始まり、テレビ、洗濯機、冷蔵庫という順番で、なぜか壊れていくのです。

最近の家電の値段はバカになりません。

まして、いざ買い替えるとなると、少しでもいいものが欲しくなるのが人間の本能です。

毎月5000円ずつでも家電のための預金をしておくことをおススメしています。

それ以外には、例えば旅行積立などを目的別預金として貯蓄している家族もいます。

ここでのポイントは、なんと言っても、お金に名前をつけてあげることです。

お金は、名前をつけておくとなるべくその名前どおりに出て行こうとする性質があります。

家計の中で一番いけないのは、使途不明金なのは言うまでもありません。

毎月月末になると、「あれ、お金がないなあ。何に使ったんだっけ?」というあれです。

これが、一番悪いパターンです。

使途不明金をゼロにすることは不可能ですが、減らすことが家計をやりくりするうえで最大のコツと言っても過言ではありません。

また、目的別預金をすることは、「将来の支出の予算化」につながります。

つまり、衝動買いが少なくなるのです。

特に、男性は自動車や家電などを、欲しいというスイッチが入ってしまうと、中々そのスイッチをＯＦＦにすることができません。

予算化することで、欲しいスイッチが入っても、待つことができる状態を作っていくのです。


【貯蓄その3　別名・生活防衛資金「純預金」】

最後が、純預金です。名前の通り純粋な預金です。

つまり、使う予定がない貯蓄、これが純預金なのです。

貯蓄とは、そもそも使うあてのないものを指して言うのですから、これこそが貯蓄と言ってもいいでしょう。

つまり、住宅ローンを抱えながら、この純預金をどれだけ増やしていけるかが、住宅ローン難民にならない最大のコツなのです。

この純預金、「使う当てのないもの」と言っても、「使っていい時」が、人生に3度だけあります

それの1つ目が、教育費のピークの年です。

子どもが大学に通う数年間は、多くの家庭で、収入より支出が上回る赤字家計になります。

この教育費の増加に伴う赤字を解消するためにこの純預金を充てる訳です。

2つ目は、老後です。

収入がなくなった老後のために、今まで貯めてきた、この純預金を取り崩していきます。

そもそも、この純預金自体、老後のために準備している貯蓄という意味合いがありますから、当然です。

最後が、危機的状況に陥った場合です。

「突然、会社が倒産した」

「家族が大きな病気を患った」

「自動車が突然壊れてしまった」

など、突然・突発的に危機的状況が訪れた場合は、この純預金を使います。

ですから、この純預金を、「生活防衛資金」と呼ぶ専門家もいるぐらいです。

人生においては、この生活防衛資金の多さが、リスクを減らす最大のポイントになってきます。

よく住宅購入の際に、「頭金はどれぐらいがいいのですか?」と質問されることがあるのですが、実は頭金よりも、住宅購入後に手元に残る純預金（生活防衛資金）の金額の方がずっと重要なウエイトを占めます。

理想は、最低でも、手取りの1年分。

家族の働き手が、最悪1年間働けない状況に陥っても、家族が生活していくのに困らない金額という訳です。

ですから、住宅購入後にも手取りの1年分が純預金として手元に残る資金計画を考えなくてはいけません。

それではこの純預金を、毎年どのくらいずつしていけばいいのでしょうか?

目安としては、年収の約15%の純預金を貯蓄するようにしましょう。

年収500万円の場合は、約75万円です。こうやって金額で見てみるとできそうな気がしますよね。

問題は、この15%をいかにコツコツしていくかが、大切なのです。

一般的な例で、よくお話しするのが、ご主人が年収500万円、奥さんがパートで年収100万円の場合です。夫婦で合計600万円の収入ですよね。

600万円の15%は、90万円ですから、奥さんの収入を手付かずで残せば、簡単に15%の純預金ができる計算になります。

90万円をコツコツ20年貯めれば、1800万円。30年貯めれば2700万円にもなるのです。

納税準備預金も、目的別預金も、そして純預金も、大事なのは「いかに計画的に貯蓄するか」ということです。

そして、この計画的な貯蓄こそが、住宅ローンを抱えている家計の最大のリスクヘッジとなるのです。

家計を左右する3つのポイント
その2 「自動車の買い方」

[自動車は現金で]

ポイントの2つ目は、自動車の買い方です。

ここは、もう簡単です。

「自動車は、現金で買ってください」

ただこれだけです。

自動車を買うのに、マイカーローンを組むのが当たり前だと考えている人がいます。

これは大きな間違いです。

住宅ローンを抱えている、またはこの先抱えようとしている家計で、自動車までローンを組むなんて、無理もいいところです。

そういう人のことを資本主義の餌食だと、わたしは呼んでいます。

1．住宅ローンの金利
2．マイカーローンの金利
3．教育ローンの金利

一番金利が低いのは、どれだと思いますか。

それは、住宅ローンです。なぜなら住宅ローンは住宅や土地が担保に取られます。貸す側としては、ローンの残高と、担保価格の差額しかリスクがありませんから、その分金利を低くできます。

つぎに金利が低いのが、教育ローンで、一番金利が高いのがマイカーローンだというのが世間の相場なのです。

一般的に、日本では動産を担保にできません。つまり自動車は担保にできませんし、もちろん教育ローンの担保に子どもを入れることはできませんから、金利が高くなるのです。

こんな場合もあります。

第2章で貸してもらえる金額を、フラット35を基準に計算したことを思い出してください。

「こんなに返せない」という反面、「こんなにも借りられるの？」と思った方もいるのではないでしょうか？

しかし、そこに出てきた30％以内、35％以内の総返済負担率は、当然住宅ローン以外にも、その他マイカーローン、カードローンも含まれてきます。

つまり、30％以内の枠のうち、マイカーローンで10％使っていれば、残りの20％以内でしか住宅ローンを貸してはもらえないのです。

あと2年で終わるのでと言ってみたところで始まりません。

銀行は「それなら2年後にもう一度ローンの審査を受けてください」と言うだけですから……。

【月々に自動車に払う費用は？】

「自動車は現金で購入する」と決めた途端、そのための貯蓄について考えなければなりません。

自動車の買い替えのタイミングと費用。これらを計画的に予算化しておく必要があります。

先ほど、目的別預金の時にも話した通り、これを月々または年間予算として貯蓄していかなくてはいけません。

私は、必ず住宅ローンの資金計画をアドバイスさせていただく時に、この自動車の買い替えの費用と時期については、詳しくヒアリングさせていただくことにしています。

中には、無計画なご夫婦で、子どもの教育費がピークになる大学時代に、自動車を買い替える予定になってしまう場合もあります。

現金で買い替えることを前提にすれば、絶対無理な計画ですよね。

しかし、お子様が２人３人いる場合では、教育資金のピークも６年８年と長く続くこともあります。

そうした場合、どう組み合わせても、自動車の買い替えが、教育費のピークと重なってしまうこともあるのです。

こうしたことも想定すれば、やはり月々の準備が必要なのは、言うまでもありません。

図8　住宅ローンの審査は、こんな単純ではありません

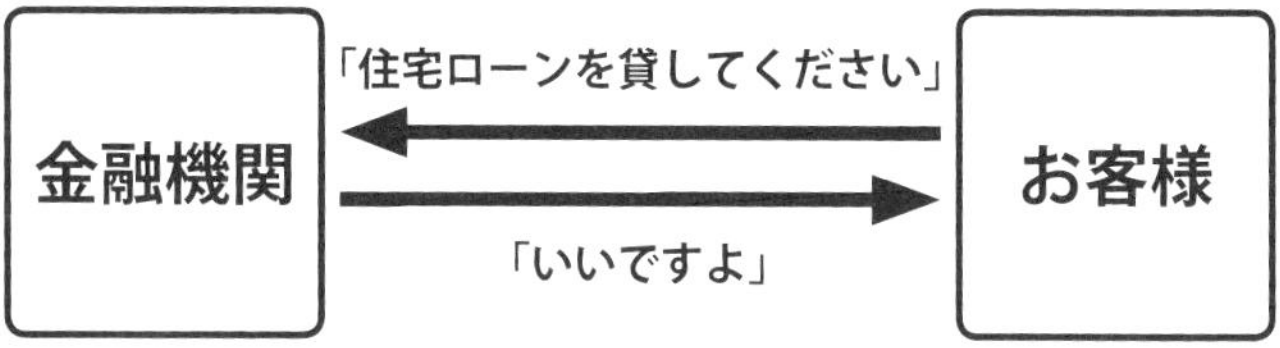
金融機関
「住宅ローンを貸してください」
「いいですよ」
お客様

［保証会社という仕組み］

マイカーローンを組んでいると、住宅ローンが借りにくくなるという話が出たので、ついでに住宅ローンの審査の仕組みを簡単にご説明したいと思います。

通常、私たちは、住宅ローンを金融機関に「貸してください」と申し出て、金融機関が判断して「いいですよ、お貸しします」というように思っていないでしょうか（図8）。

しかし、住宅ローンの貸し出し審査は、実はこんなに単純なものではありません。

住宅ローンに保証人が必要だということ

を聞いたことがありますか？

ないですよね。

原則として、住宅ローンには、第三者保証人というのは、必要ありません。なぜならば、住宅ローンという商品は、皆さんがローンを返せなくなった場合、皆さんに代わって住宅ローンを返してくれるという、保証会社がセットになっているからです。

もう一つ踏み込んで言えば、住宅ローンを利用できる人は、この保証会社の保証を受けられる人というのが利用条件になっているのです。図で表すと次のようになっているのです（図9）。

つまり、金融機関は、保証会社が保証人を引き受けてくれる金額までなら住宅ローンを貸してくれます。

この仕組みの中で、一番リスクが大きい保証会社に、一番の決定権があるわけです。もちろん、保証会社はただで、保証人を引き受けてくれるわけではありません。私たちは保証会社に金融機関を通じて「保証料」という保険料みたいなものを支払うことになります。

図9　実際の住宅ローンの審査の過程

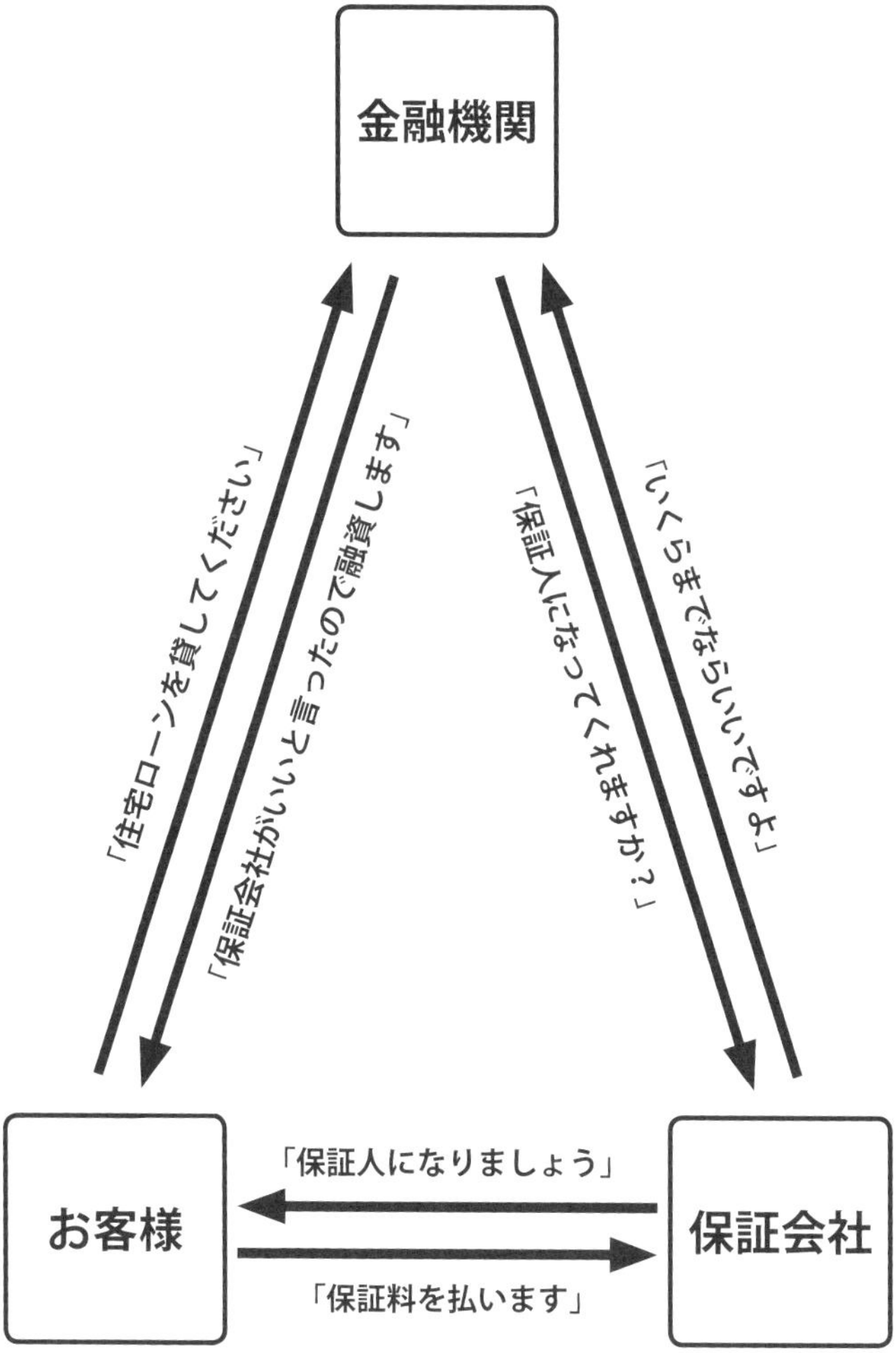
金融機関
「住宅ローンを貸してください」
「保証会社がいいと言ったので融資します」
「保証人になってくれますか？」
「いくらまでならいいですよ」
お客様
保証会社
「保証人になりましょう」
「保証料を払います」

保証会社は、保証人を引き受けるにあたって、皆さんが希望する金額までの保証人になれるかどうか、皆さんのことを調査します。

具体的には、信用調査機関に残っている皆さんの金融取引の履歴を調査するわけです。

もしここで、マイカーローンも含め、カードローンやクレジットローンなどの残高が多く見つかった場合、保証人を引き受けてはくれません。

当然、住宅ローンが借りられないということが起こるのです。

ここ数年、「住宅ローン難民」という言葉が出始めてきてから、この基準が急に厳しくなっている傾向にあります。

【本当に怖いクレジットの分割払い】

調査が厳しくなっている一つに、クレジットの分割払いがあると言われています。

クレジットでの買い物自体は、問題ないのですが、頻繁に分割払いを利用している場合、保証会社の印象があまりよくないようです。

また、特にクレジットの支払い遅延は、数年間データに残るようで、これが数回重なっている人も住宅ローンの審査が難しいと言われています。

まず私たちは、金融機関に住宅ローンを申し込みます。

その後、金融機関が保証会社に審査を依頼し、厳重な個人情報保護の下に保証会社が信用情報機関から情報を調べます。ですので、住宅ローンが通らない場合でも、建前上、申し込み先の金融機関は、その理由を知らないことになっているのです。

これは裏技ですが、自分の個人情報が信用調査機関にどのように残っているかは、信用調査機関に直接問い合わせをすれば、教えてもらえます。気になる方は、一度住宅ローンを申し込む前に問い合わせをしておくといいでしょう。

何はともあれ、まずは住宅ローンの審査をスムーズに通すためにも、その後の家計のためにも、住宅ローン以外のローンやクレジットの分割払いに手をださないことが大切だと言えます。

家計を左右する3つのポイント　その3　「生命保険料の払い過ぎ、掛け間違い」

【一生涯に払う保険料】

「あなたは、一生涯にどれくらいの保険料を支払うのですか？」

1年間に約45万4000円。日本人一世帯で支払う生命保険の保険料の平均です（生命保険文化センター「生活保障に関する調査」による）。

単純に30歳から60歳まで、30年間その額を払い続けたら、なんと総額で約1362万円という金額になります。

もちろんこの金額の中には自動車保険や、家の火災保険は入っていません。純粋に生命保険の金額だけです。

年間で45万4000円ということは、月々約3万7800円の保険料という計算になります。どうでしょう、ご主人が2万円、奥さんが8800円、お子さんに1万円の子ども保険ぐらいの感じではないでしょうか？

図10　私たちは、こんなに保険料を払っている

日本人1世帯の年間平均45.4万円

30年間（30〜60歳まで）、45.4万円を払い続けると

1362万円

一方で、

平均・死亡保険金額261万円

「うちは主人の保険に2万円も入ってないですよ」とおっしゃるかもしれません。

しかし、実際職場で団体加入の保険や共済、無理々々お付き合いで入っている保険はないでしょうか？

一つ一つは数千円でも、合計すると意外と大きな金額になるものなのです。

しかし、生命保険を考える上で、絶対に避けられない現実があります（図10）。**それは、保険会社が1件あたりに支払った、死亡保険金額は平均で約261万円という点です**（生命保険文化センター「生命保険会社　収支と負債資本」による）。

支払い保険料と単純に比較できるわけで

はありませんが、数千万円も保険料を払っているわりには、少し少なすぎる印象を受けるでしょう。

でも、これが生命保険の現実なのです。

冷静に考えてみれば、当然ですよね。

僕たちが支払った生命保険料以上の、またそれ相当の保険金を受け取ることができるのは、あまり保険料を支払ってないうちに死亡すること、つまり、若くして死亡した場合のみだからです。

ほとんどの生命保険の場合、働き盛りの60歳ぐらいまでの間に、万が一のことがあれば、たくさんの保険金額が支払われるという仕組みになっています。

しかし多くの場合、日本人が死亡するのは、60歳以降。

つまり、それほど多くの保険金が支払われない頃になって、この世を旅立つというのが一般的なのです。

だから生命保険が必要ないということではありません。

もちろん奥さんも子どももいて、万が一のことがあれば、残された家族は、路頭に迷ってしまいます。

当然生命保険は必要です。

しかし、生命保険の本質的な仕組みを理解していないのに、何千万円という保険料を支払うのはどうかと思うのです。

それでは、生命保険の本質的な仕組みを分かりやすく考えて見ましょう。

【生命保険というギャンブル】

生命保険は、命を賭けた「ギャンブル」です。

例えば、30歳男性が、40歳までに死亡すれば1億円の保険金が支払われる生命保険に入ったとします。毎月の「賭け金」は1万円。ギャンブルで例えれば、毎月1万円のチップを支払って、自分が死ぬほうに賭けています。40歳までに亡くなればあなたの勝ち、40歳までに亡くならなければ、保険会社の勝ちです。

残念ながら、40歳までに亡くならなかった場合、また50歳までのゲームに参加することができます。しかし、レートは2倍。毎月2万円のチップが必要になります。もし2万円のチップが払えないのであれば、狙う金額を「1億円」から「8000万円」「5000万円」と少なくするしかないのです。

図11　生存数の推移（男）

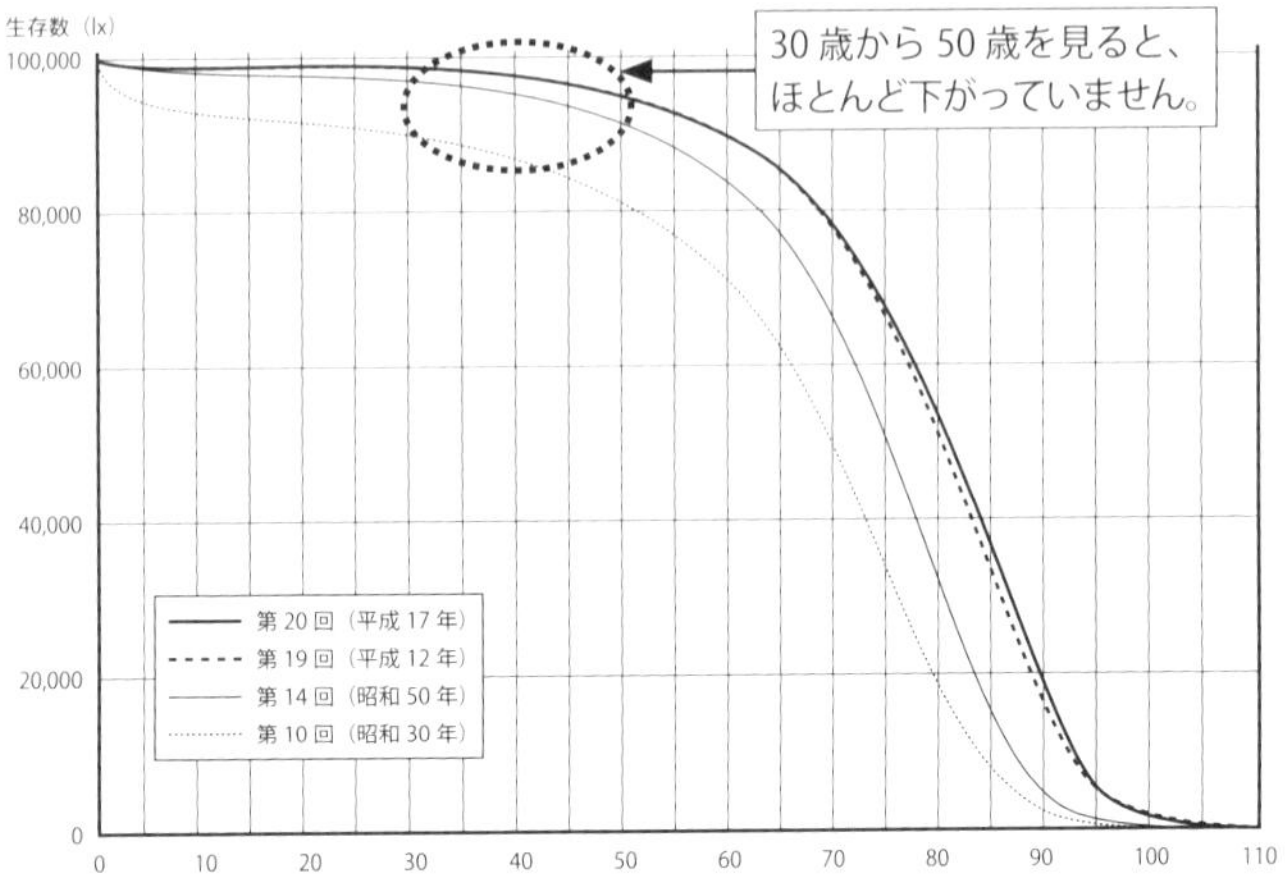

しかし、ギャンブルと根本的に一番大きな違いがあります。それは、この賭けに勝ってもうれしくないことなのです……。

まあうれしくないことは前提として、このギャンブルが我々にとって有利なのか不利なのかその構造を見ていきましょう。

次の図を見てください（**図11**）。

これは、厚生労働省が出している、第20回完全生命表のグラフです。

簡単に言えば、「何歳の時、何人ぐらい生き残っているか？」を表したグラフだと思ってください。

このグラフから計算すると、30歳の男性が、40歳までに亡くなる確率は、なんと約1％。

図12　性・年齢階級別にみた主な死因の構成割合

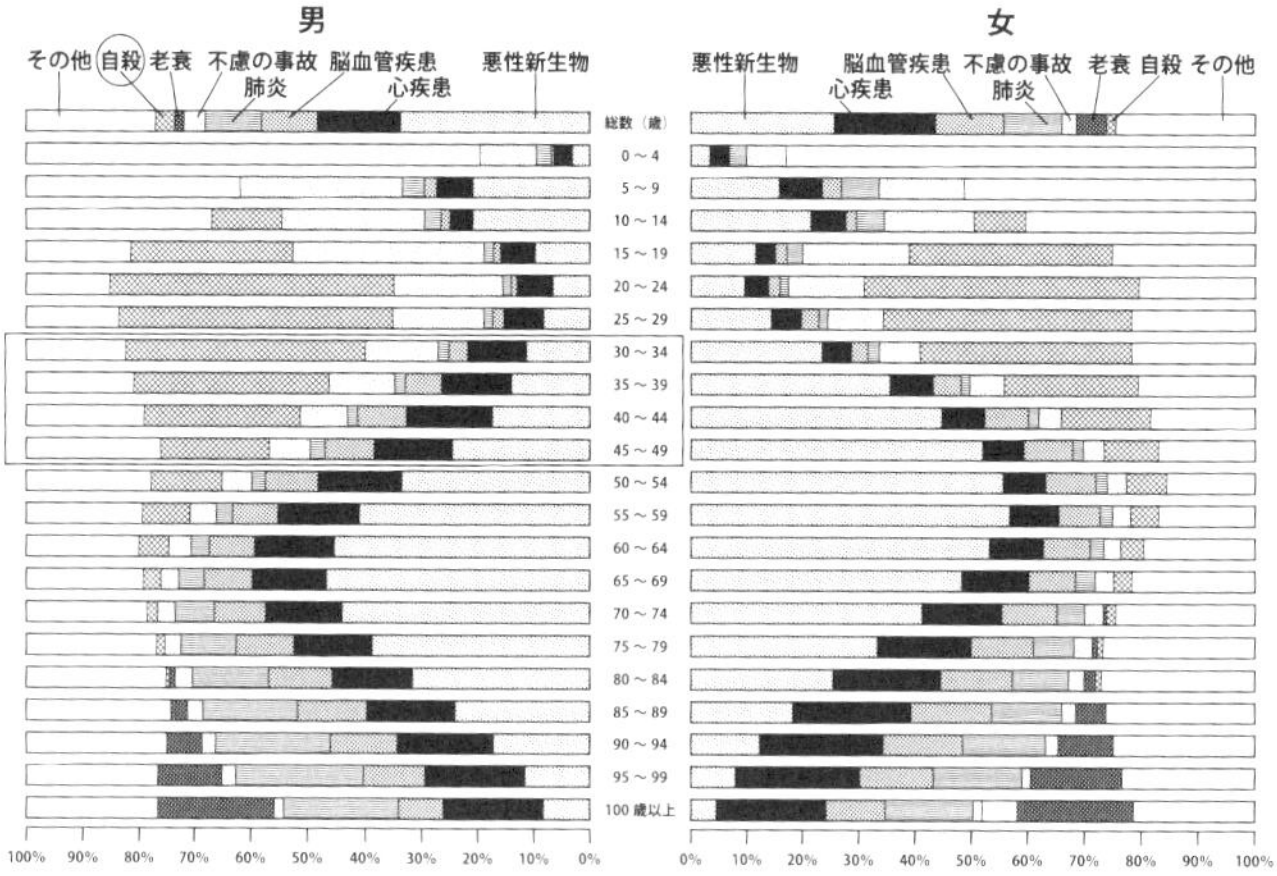

ちなみに50歳までに亡くなる確率は約4%の計算になります。

それだけではありません。

さらにこんな計算もしてみました。

次の図は、年代別の死因をグラフにしたものですが、このグラフから分かるように、30歳から50歳までの男性の死亡原因の第1位は、ダントツ「自殺」です（図12）。

亡くなった全体の約35%は、自ら命を絶った方だということになります。

つまり、自殺を除いた病死や事故死で、30歳から50歳までに亡くなる確率はなんと2・6%にまで低下します。

つまり、ほとんどの日本人男性は、自ら命を絶たなければ、50歳までに死なない計算になるのです（女性の方はもっと亡くなる確率が少ないです。40歳までに0・5%、50歳まで2・6%、自殺を除けば2%）。

ここまで言えば、私たちが毎月賭けている、生命保険というギャンブルがいかに勝つことの難しいものなのかかが分かると思います（生命保険にお金を使うなら、ご主人が自殺しないようにお小遣いをUPしたほうが得策なのかもしれません）。

それでは、こんなに確率が低いのなら、生命保険に入る必要はないのでしょうか？

先ほども書いたように、そうではありません。

30歳から50歳の子育て真っ盛りに、一家の収入源を失ってしまうことは、家族や子どもを路頭に迷わせることになりかねません。いくら少ない確率でも、その危険性が0《ゼロ》でない以上、なんらかの方法でリスクヘッジをする必要があります。

だからこそ、一番考えなくてはいけないのが、このギャンブルにいくら賭けるのかということなのです。

つまり、「負ける」前提で最小限の勝負をしておくギャンブルが、「保険」という考え方なのです。

「負ける」前提で考えれば、生命保険の考え方は、飛躍的に変わってきます。

必要最低限の掛け金で、挑む心がけができるからです。

生命保険は、万能ではありません。

あくまでも、限定的なリスクヘッジです。

基本は、現金預金ではどうにもならないリスクに対してのみ、保険として考えていくのが適当です。

よく生命保険の相談を受けると、今加入している保険の内容が盛りだくさんな場合があります。

ガン・三大疾病・障害・介護……。

もちろん、全てを否定するつもりはありませんが、いくらのお金（保険料）を支払って、その心配（リスク）に対する安心（保険）を買っているのか？　という考え方で、生命保険を見直してみる必要があるでしょう。


【生命保険を見直すと、こんなに利息が得になる!?】

住宅ローンの相談を受ける時、必ず生命保険の中身の見直しもします。

住宅ローンを利用する以上、これまで何度も説明した通り、家計における収支のリスクは大きくなります。ですから住宅ローンの支払いに耐えうる家計状態にするためには、生命保険の見直しが必須です。

その中で、養老保険や個人年金といった積み立て型の保険に加入されている家庭に遭遇することがよくあります。

掛け捨てが嫌いな日本人の象徴なのか、田舎に行けば行くほどその傾向が強く現れます。

問題はこれから住宅ローンの返済を始めようとしている家庭が、そんなに悪くない積み立て型の保険に入っている場合なのです。

結論から先に言えば、私がアドバイスする場合、ほとんどのケースで解約をおススメします。

今解約すると満期まで掛けるよりも損をする場合でも、場合によっては解約をアドバイスします。

なぜなら、住宅ローン持ちの最大のリスクは、利息です。3000万円の住宅ローンを35年固定（3％）で借りたとすれば、支払う利息が35年間で約1850万円にもなります。

冷静に考えれば、そんなに利回りの良くない生命保険で積み立てをするのと、例えば住宅ローンの繰上げ返済をするのとどちらが有利になるでしょうか？

例えば、1万円ずつ生命保険で積み立てするのをやめて、毎月1万円ずつ住宅ローンを余分に返したとします。同じ3000万円のローンを30年（3％）で返済すると、返済金額は約1万円増えますが、30年で支払う利息は約1553万円になって、おおよそ300万円も利息を減らすことができます。

もうお分かりいただけますよね。

もちろん繰上げ返済がいつも正しいとは、限りません。しかし、少し金融の知識を持てば、幻想を打ち破ることも、保険の勧誘に惑わされることも減るのです。

【団体信用生命保険とは？】

「団体信用生命保険の内容を確かめる」

今は随分多くの方が知っていらっしゃるのですが、住宅ローンは借主が死亡した場合「全額チャラ」になる生命保険（団体信用生命保険）がついている場合がほとんどです（フラット35など、一部違う場合ももちろんありますが）。

ですから、Aさんが万が一死亡した場合の住宅ローン返済リスクは、「ゼロ」なわけです。自分の生命保険でそれを補う必要はありません。

また、最近、死亡以外でもガンや3大疾病時に一定の状態になれば、住宅ローンが「チャラ」になる団体信用生命保険もあります。毎月の保険料に換算すると結構な金額になるので、よく考えなくてはいけませんが、**まずは、ご自分が借りられる住宅ローンの団体信用生命保険の内容がどんなものなのかを確認する必要があります。**

貯蓄にきちんと向き合う

「難しくて、よく分からない」

生命保険についての話になると、そう言って急に現実逃避をする人が多い印象を受けます。

しかし、一見すると、「難しくてよく分からない！」ことほど、大きな落とし穴があるものです。

住宅ローンを支払っていくための家計の見直しについて、お話をしてきましたが、なんてことはありません。人生の4大支出とどううまく付き合っていくかで、80％の家計をコントロールできるのです。

人生の4大支出は、

第1位「住宅」
第2位「教育費」
第3位「生命保険」
第4位「自動車」

の順番だと言われています。

このうち、「教育費」については、なかなか削減できません。

うそみたいな話ですが、子どもが全員大学に行かずに、高校卒業して、就職すれば、住宅ローンなんてあっという間に返すことができます。

実は「住宅ローン難民」は、子どもの教育費がかかりすぎることにも、その大きな問題があるのです。

しかし、これぱかりは、私もコントロールする手段を知りません。

ですから、それ以外の「生命保険」や「自動車」について、細かくコントロールしながら、住宅ローンというリスク資産の管理のためにも、子どもの教育費のためにも、計画的に貯蓄していく必要があるのです。

「苦手だから」と逃げずに、一度きちんと向き合う必要があります。この覚悟ができてはじめて、住宅ローンを組む資格があるのかも知れません。

第4章

住宅ローンの正体

住宅ローンの種類

さて、家計が住宅ローンを払える体制になったところで、やっと住宅ローンの正しい選び方の話へと進めていきましょう。

住宅ローンを金融商品とすれば、住宅ローンだけで、何千種類という商品数があることになります。

一つの銀行ですら、何種類もあるのですから、当然と言えば当然ですが……。

しかし、残念なことに、家を買う時に、選択できる住宅ローンは、その何千種の中から、特殊な場合を除いて、たった一つだけなのです。

しかも、住宅ローンは普通の金融商品と違い、クーリングオフという制度もありません。

ですから、一度契約したら最後、お金を全額返済するまで、契約を解除できない仕組みになっています。

契約した後に、「あっちの銀行のプランの方がよさそうだから変えます」というこ

図13　４つの住宅ローンの種類

	元利均等	元金均等
変動金利		
固定金利		

とはできないのです。

もちろん、無料サンプルもなければ、お試し期間もありません。

つまり、相当慎重に選ぶ必要があるということなのです。

そこで、いったいどのように、住宅ローンを選んでいくといいのでしょうか？

住宅ローンには大きく分けて、上の図のように４つの分類に分けることができます(図13)。

どんな住宅ローンも、必ずこの４つの箱のどこかには入ります。

つまり、この４つの特徴さえ理解してしまえば、何千種類あっても、何万種類あっても、見極めることができるのです。

それでは、この4つの特徴をひとつずつ見ていきましょう

まずは、**元金均等返済**と**元利均等返済**です。

基礎知識として、住宅ローンは、毎月の支払が元金と利息に分かれています。

例えば、今月住宅ローンを10万円払ったとしましょう。

では、10万円払ったからといって、住宅ローンが10万円減ったでしょうか？

答えは、「NO」です。違いますよね。

毎月の返済額は、純粋に住宅ローンを返済している部分と金利部分を支払っている部分との合計金額だからです。

この純粋な住宅ローンの返済部分を**元金**と呼びます。

つまり、**元金均等返済**とは、毎月同じ額の元金を支払っていく返済方法のことを指します。

一見当たり前のように見えますが、意外とそうでもありません。

つまり、毎月の元金は同じ金額ですが、そこにプラスして払っていく利息部分がはじめは多く、後が少なくなるため、毎月返済金額も、最初の金額が一番多く、そこから徐々に少なくなっていくという返済方法だからです（**図14上**）。

図14　元金均等返済（上）と元利均等返済（下）

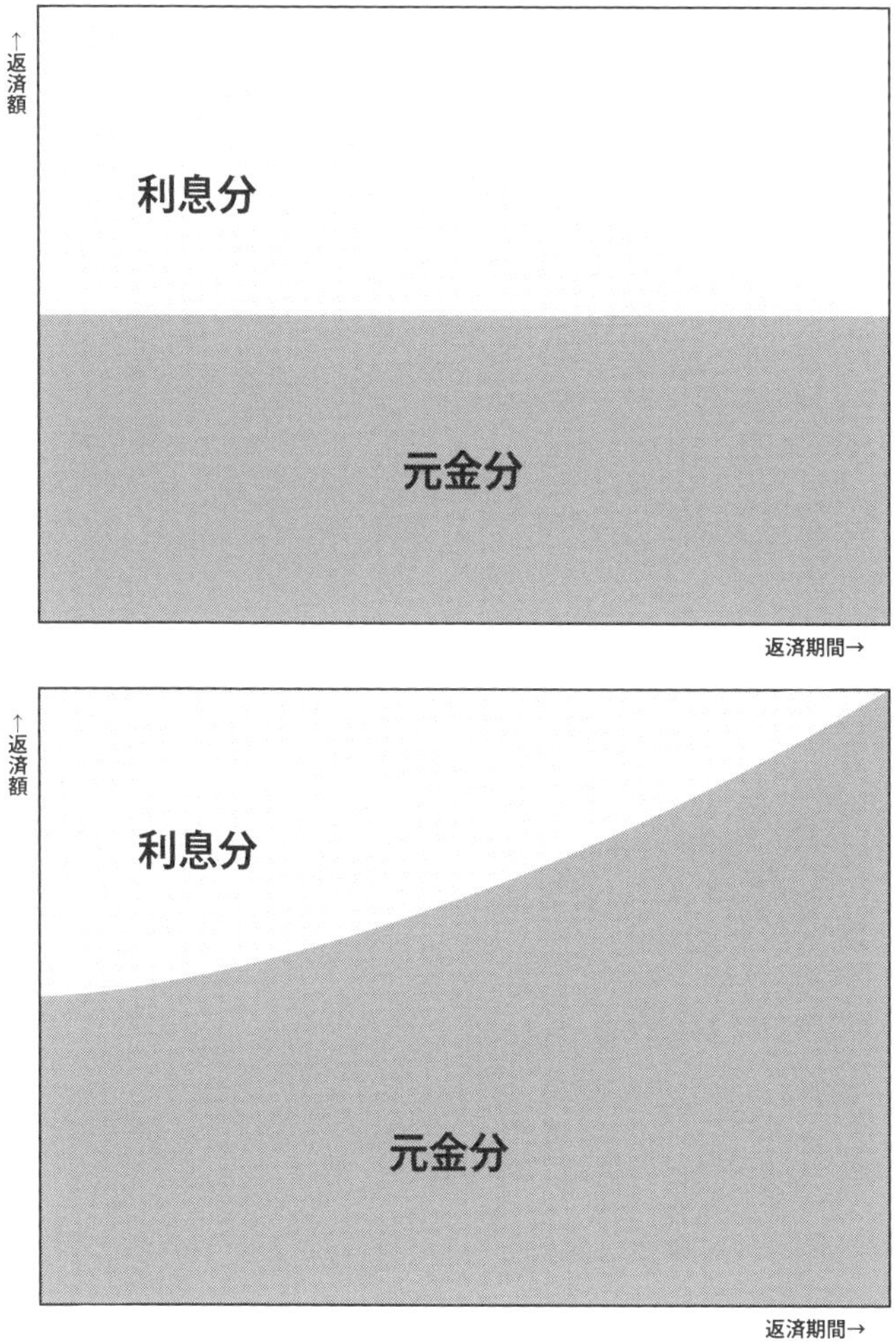

私たちは一般的に住宅ローンを考えるとき、毎月の返済金額が一定だと思っていませんか？

そうです。この毎月一定の金額を返済していく方法が、もう一つの**元利均等返済**です。

元利均等とは、元金と利息の合計金額が一定。つまり毎月の返済額が一定という意味です。

しかし、利息部分はローンの残高に対してかかります。当然、返済序盤は利息が多くて、徐々に減っていきます。

毎月の返済額は同じですが、その内訳の元金と利息の割合がこのように変化していくのが、元利均等返済の特徴と言ってもいいでしょう（図14下）。

この2つの返済方法の違いを具体的に見ていくと、次のようになります（図15）。

こうやって数字を並べてみると、その違いが一目でわかりますね。

特に大きな違いは、返済利息の合計金額で、同じ3000万円を同じ金利・同じ期間借りているのに返済方法の違いで、約188万円も払う利息が違うのです。

図15　3000万円を、2.5%（固定）35年返済で借りた場合の比較

元金均等返済の場合

毎月の返済額
133,928円（返済初月）
117,856円（返済10年目）
71,817円（返済最終月）
返済利息の合計額 **13,156,147**円

元利金等返済の場合

毎月の返済額
107,248円
（返済初月。元金**44,748**円、利息**62,500**円）
107,248円
（返済10年目。元金 **56,026**円、利息**51,222**円）
107,248円
（返済最終月。元金**107,064**円、利息**223**円）
返済利息の合計額 **15,044,199**円

「だったら、元金均等返済の方がいいっていうことですか？」と思われるかもしれません。

しかし、そうとも言いかねるのです。

なぜなら、ほとんどの家庭でお金がもっとかかる子育て期間中に、元金均等払いの毎月の返済額で負担が大きくなる場合があるからです。

だからといって、もちろん188万円の利息は無視できません。当然選択肢の一つには入れながら検討していくことは大切なことですね。

変動金利と固定金利をただしく覚える

次に、変動金利と固定金利の違いを説明していきましょう。

元金均等と元利均等の違いに比べて、「変動金利と固定金利の違いは分かるよ」と思った方も多いのではないでしょうか？

しかし、それは勘違いです。

年間150組以上の住宅ローンの相談をうけていますが、変動金利と固定金利を正しく理解している人は、ほとんどいません。

実は、これを中途半端な知識であつかってしまうから、住宅ローンで大きな失敗をすることになるのです。

ですから、この変動金利と固定金利については、正しく覚えていただく必要があります。

変動金利はその名の通り金利が変動します。つまり、今後の金利がどれだけになるのかは、誰にも想像できません。

当然、月々返済がいくらになるのか、総返済金額がいくらになるのかは誰にも分からないのです。

よく、「3年固定や5年固定、10年固定などの住宅ローンは固定金利ですか?」という質問を受けますが、あれは固定金利ではありません。あれは、正確には、「○○年固定期間付変動金利」です。

最初の固定期間が終了した後、どんな金利になるかは、誰にも分かりません。当然変動金利の仲間になるのです。

その点、固定金利は契約したとき金利がスケジュール通りに実行されます。

ですから、いつの時点でいくらの月々返済なのか、その時にあとどれだけローン残高があるのかも契約の段階で決まっています。

もちろん、返す総額もブレることは絶対ありません。

固定金利の最大の特徴は、このブレないことなのです。

変動金利の正体

それでは、まず変動金利の住宅ローン商品から、もう少し詳しく仕組みを見ていきましょう。

［店頭金利と適用金利］

変動金利の代表選手は、先ほどあげた3年固定・5年固定・10年固定と呼ばれる商品です。

それぞれの金利（みずほ銀行、平成23年6月1日現在）を例にとると、

・３年固定　３・１０％
・５年固定　３・３５％
・10年固定　３・８０％

となります。どうですか？　この金利を安いと思いますか？　高いと思いますか？

そうですね。住宅ローンについて調べ始めた方なら、「こんなに高くないよ」とすぐに気づくのではないでしょうか？

そう、これは実際みなさんが住宅ローンを借りるときの金利ではありません。

これは、一般的には「店頭表示金利」や「基準金利」と呼ばれる金利です。

それでは実際に皆さんが借りる金利はいくらなのでしょうか？

いやー皆さんはラッキーです。実は今なら全国的にどの金融機関でも、住宅ローンキャンペーンを行っていますから、さらに一定の条件を満たす人は、この店頭表示金利から金利の割引を受けることができるのです。

是非お早めに住宅ローンの申し込みをしてください。

というのは、冗談です（笑）。

図16　変動金利の例

3年固定	3.10%		1.20%
5年固定	3.35%	年率▲1.9%	1.45%
10年固定	3.80%	店頭表示金利より	1.80%

（平成23年6月1日現在）

実は、金融機関は年中キャンペーンをしています。キャンペーンをしていない時をみたことがありません。

しかも、全国どこの金融機関でもキャンペーンをしています。ですから、決してあわてて申し込みにいかないようにしてください。

一般的には、変動金利の場合は、店頭表示金利から一定の金利が割り引かれます。

先ほどのみずほ銀行を例にあげると、店頭表示金利より、1・9％金利を割り引いた金利が実質の貸出し金利となります（**図16**）。

この割引のことを一般的には「**優遇金**

利」と呼ぶわけですが、問題はどうしてこんなに面倒くさい説明をわざわざしたのかということです。

最初から、「貸出し金利だけ説明すればいいじゃないか」とお叱りを受けそうです。

しかし、実はこの店頭表示金利、優遇金利と貸出金利。この3つの関係に変動金利の住宅ローンを理解する最大のポイントがあるのです。

【優遇金利に気をつけろ】

さて、この優遇金利、いったい「いつまでの期間の金利」を優遇してくれるのでしょうか？

そうなんです。最初の固定期間が終了するまでの優遇金利なのです。

ですから、3年固定なら最初の3年間、5年固定なら最初の5年間だけこの優遇金利が適用されるのです。

だからといって優遇金利がすべて無くなるわけではありません。このみずほ銀行の場合は、その後1・2%と優遇幅は少なくなるものの優遇金利は続きます。

図17　固定期間終了後の金利が分からないため、貸出金利は分からない

3年固定	3.10%		1.20%
5年固定	3.35%	年率▲ 1.9%	1.45%
10年固定	3.80%	店頭表示金利より	1.80%

（平成23年6月1日現在）

↓
最初の固定期間終了後
↓

3年固定	?.??%		?.??%
5年固定	?.??%	年率▲ 1.2%	?.??%
10年固定	?.??%	店頭表示金利より	?.??%

では、貸出し金利はどうなるか？

当然、固定期間終了後の金利が分からない以上、どれくらいになるかは予測もできません（図17）。

しかし、仮に今の金利とまったくいっしょ、つまり数年間０・０１％も金利が上がらなかったとしたらどうなるでしょうか？

当然のことですが、優遇金利が１・９％から１・２％と縮小した０・７％金利が上昇することになります（図18）。

つまり、この商品の場合、最初の固定期間と同じ返済額で払っていくためには、店頭金利が今より０・７％下がっていないといけないことになります。

この低金利下の日本で今より０・７％も

図18　固定期間終了後、金利がまったく変わらなかった場合

3年固定	3.10%		1.20%
5年固定	3.35%	年率▲1.9%	1.45%
10年固定	3.80%	店頭表示金利より	1.80%

（平成23年6月1日現在）

↓ **最初の固定期間終了後** ↓

3年固定	3.10%		1.90%
5年固定	3.35%	年率▲1.2%	2.15%
10年固定	3.80%	店頭表示金利より	2.60%

金利が下がることは、少し予測しにくいのではないでしょうか？

むしろ、今より金利が上がっていたとすればどうなるでしょうか？　たった0・3%上がっただけで、返済当初よりも1%も金利が上昇したことになります。

【返済額が増えると想定しておく】

つまり、変動金利を利用した場合、最初の固定期間が終了した後に金利が上がり、返済額が当初より増える可能性は、とても高いのが現実です。

意外とこの仕組みをよく知らずに、変動金利で住宅ローンを組んでいる方が多いのに驚きます。

もちろん実際に金利が下がって、返済額が少なくなる可能性はゼロではありません。金利なんてだれにも予測できないのですから。

ただ、変動金利を利用する場合、金利が上がる可能性の方が高いのですから、準備しておく心構えが必要だということです。

結果、金利が上がらなければラッキーなのですから。

当然すべての変動金利商品が、このように段階的な優遇金利をとっているものばかりではありません。

全期間を通じて同じ幅の優遇金利を提供している商品もたくさんあります。

しかし、どうしても最初の優遇幅が大きいものの方が出だしの金利が安く、その安さゆえに目を引かれることが多いでしょう。実際そのパターンで住宅ローンを組んで失敗している人が多いので気をつけてください。

大切なのは、店頭金利と優遇金利があって貸出金利があるということ。

そして自分がこれから選ぶ商品が、いったいこの3つの金利がどんな条件になっているのかを確実に理解する必要があるのです。

固定金利の正体

次は、固定金利について見ていきましょう。固定金利とはその名の通り金利が固定されているものです。

ですから、借りている期間を通じて金利が固定されている商品です。金利が一定のものだけではなく、最初の10年が○○％、次の10年が○○％と段階的になっているものでも、契約当初に金利が確定しているものは、固定金利の仲間と考えてもいいでしょう。

【フラット35の選び方】

今日本でもっとも代表的な固定金利は、フラット35です。

フラット35とは、住宅金融支援機構（旧住宅金融公庫）というところが、直接お金を貸す住宅金融公庫の住宅ローンの廃止とともに、民間の金融機関を通じて融資する長期間固定の住宅ローンのことをいいます。

しかし、住宅金融公庫の時代の融資と一番の大きな違いは、同じフラット35でも借りる金融機関によって、金利や手数料が違うということです。

つまり、同じ金額を同じフラット35で借りても、借りた金融機関によって手数料も毎月の金利もまったく違うのです。

「だったら、どうやって選べばいいのだろう?」と、疑問に思う方もいるでしょう。

そこはさすが、フラット35。公的な制度だけのことはあります。ホームページで全国の金融機関であつかっているフラット35の金利と手数料が簡単に調べられるのです。

しかも、このホームページはなかなか優秀で、金利が低い順番に並べられることはもちろん、総支払金額が少ない順番にも並べることができます。

ですから、金利だけではない本当のコストを見ることができます。

(3000万円を元利均等返済で借りた場合)
金利2・50%　手数料2%⬇総支払金額4564万4199円
(利息1504万4199円　手数料60万0000円)

金利２・５２％　手数料１％⬇総支払金額４５４７万９３５１円
（利息１５１７万９３５１円　手数料30万０００００円）
※金利は高いけど総支払金額は少なくなることもあります

フラット35の詳しい説明は第5章で説明するとして、まずは金利と手数料の両方を見ておかなくてはいけないということだけを押さえておいてください。

リスクを抱えているのは誰？

さあ、話はだんだんと面倒になってきました。
「ところで、変動金利と固定金利どっちで借りるといいの？」
早い話あなたが聞きたいポイントはココかもしれません。
気持ちはすごく分かりますが、もう少しだけ金融の話にお付き合いください。
実はここからの話が一番大事な部分ですから。
まずは、私の方から質問させてください。

「どうして、３年固定は金利が低くて、35年固定は金利が高いのでしょう？」

３年固定　１・２０％
５年固定　１・４５％
10年固定　１・８０％
35年固定　２・４９％
（３年固定、５年固定10年固定は、みずほ銀行より。35年固定は、フラット35最低金利より。平成23年６月１日現在）

固定期間が長いものが、金利が高くなるのを当たり前すぎて、考えたことがない人がほとんどでしょう。

しかし、ここが住宅ローンという金融商品を選択するうえで一番重要な部分なのです。

実は、金利というのは、誰がリスクを抱えているのか？　で決まっているのです。

金融機関の立場から考えて見ましょう。

3年固定というのは、金融機関としては、3年間だけ金利を固定させていればいいことになります。

3年後金利が上がっていたとすれば、それはお客様に請求すればいいだけのことです。

しかし、35年固定は、35年間金利を固定させていなくてはいけません。この間にどれだけ金利が上がろうが下がろうが、お客様に請求することがまったくできないのです。

金融の世界では、変動する可能性が大きなことを「リスク」と呼んでいます。つまり、金融機関にとってみれば、3年固定よりも35年固定のほうが、リスクが高くなるわけです。

当然、そのリスクに対する保険料として、金利をいただかなくてはいけない。というのが理屈です。

それでは、お金を借りる我々の立場から見てみましょう。

我々から見れば、「3年固定は、3年後金利がどうなっていても、その責任は自分たちでとります」と言っているようなものです。

つまり、3年後の金利変動リスクを借り手が背負っている訳です。

逆に、35年固定では、保険料として金融機関に高い利息を払う分、借り手は金利変動については「ノーリスク」となる訳です。

金利の話になると、すぐに損得の話になりがちですが、そもそも金利と言うのは住宅ローンの世界で言えば、だれがリスクを背負っているのか？　ということです。

こういう目線でもう一度金利の固定期間を考え直してみる必要がありそうです。

正解がないからこそ、できること

よく住宅ローンの本や雑誌の記事をみると、今後の金利についての展望が書いてあることがあります。

親切なものだと、金利が決定される仕組みまで解説したものもあります。

今後の金利の展望について、あれこれ勉強するのも当然大切です。決して否定はしません。

しかし、資金計画という大きな流れの中では、それは本当にとるに足りない小さな部分なのです。

金利に関しては、確実にこれだけは断言できます。

「金利は誰にも予測できない」ということです。

中には、「金利が7%になるのは、明日大地震がくるのと同じ確率だ」なんて記事も見かけました。

確かにそう思います。しかし今回の大震災のように、いつも時代は想定外の方向へと動くのです。

他の金融資産と住宅ローンの変動金利を組み合わせていけば（住宅ローン金利とのβ値〈ある証券の変動の大きさが市場平均の価格変動に比べ、大きいか小さいかを示す指標〉が低い金融商品でも選ぶのでしょうか）、リスクがないという考え方があるのも理解できます。

もちろん金融に明るい人なら、まったく根拠のない理論だとは思いません。

しかし、私たちは毎日それだけを考えているわけにはいきません。

それよりも毎日を精一杯生きていくのがやっとです。

また、「金利が上がれば、給料も上がるのだから問題ない」という内容も見かけますが、それも経済が分かっていない人の発言ですので、鵜呑みにはしないほうがよさそうです。

とすれば、**基本的にはリスクを最小化しておくことが、一番大事なことになります。**

もちろん、金利が将来どうなるか分からない以上、変動金利より固定金利のほうが得だとは、絶対に言い切れません。

正直そんなこと、35年経たなければ誰にも分からないのです。

第5章

損を出さない住宅ローンの組みかた

固定金利が本当にいいのか？

ここまでお話すると、「この本は長期間固定金利をススメている本なんだ」と思われる方も少なくないでしょう。

はっきり言っておきますが、そんなことはまったくありません。

なぜなら、何度もくどいように言いますが、長期間固定金利が得になるかどうかはまったく分からないからです。専門家だからあえて断言します。

どの金利を選ぶかは最終的に自己判断です。

「それを言ってしまえばお終いよ」となってしまうので、フォローさせていただきますが、住宅ローンを最終的にどの商品で利用するかは、あくまでも自己責任です。ただしどうやって資金計画を立てればいいのかは、もちろんお教えすることができます。

リスクを最小化する方法

先ほどリスクの話をさせていただきました。

あの話を理解いただけた方なら、「35年固定を利用してみてもいいかも」と思われたのではないでしょうか？

しかし、そう思っていても現実に住宅ローンを借りる時になると、ほとんどの方が、35年固定を選びません。

それは、どうしてでしょう。

この数字を見れば簡単に分かります。

（3000万円を35年返済で借りた場合、ボーナス返済なし）

1・20％（3年固定）　月々返済額　8万7510円
2・49％（35年固定）　月々返済額　10万7087円

どうでしょうか？　同じ３０００万円を借りても、選ぶ金利で月々の返済額が約２万円も違います。

この事実を見て心が揺れない人はいないでしょう。

当然のことだと思います。

しかし、第１章から繰り返しているように、資金計画は、月々返済で考えては絶対にいけません。

ではどうするか。答えは簡単です。

資金計画、つまり払っていけるかどうかは、必ず35年固定の金利でシミュレーションしていきます。

それは、当然です。８万７５１０円（３年固定）**なら返済できるけど、10万７０８７円**（35年固定）**なら返済できないのであれば、それは３０００万円借りてはいけない人なのです。**

一番リスクのない35年固定でライフプランを計画して、返していける金額。それこそが、借りてもいい金額なのです。

35年固定を前提にライフプランを立てて、返済できる金額が出てくれれば、借りてもいい金額が出てきます。

ここまできて、はじめて、どのパターンの金利を利用するのか、という話になるのです。

先ほどの金額を例に挙げれば、35年固定でライフプランを計画しているということは、家計の中から支払っている住宅ローンは10万７０８７円となります。

フラット35を利用した人は、そのまま10万７０８７円を支払って終わりです。

しかし、もし３年固定を利用した場合は、実際に支払った住宅ローンは８万７５１０円だった訳ですから、差額が約２万円発生します。

つまりこの２万円を、「ローンを支払ったつもりで貯蓄しておいてください」ということなのです。

この２万円を、３年間ローンを支払ったつもりで貯蓄しておけば、約76万円も貯まります。

３年後、もし金利が上昇した場合、この76万円を使って対応する。つまり金利変動のリスクを自分資産でリスクヘッジするということができるのです。

私がセミナーなどで説明する場合は、「住宅ローンを返済するためだけの箱があったら」という例え話を使います。

住宅ローンを返済する箱があったとしましょう（図19）。

この箱は、住宅ローンを返済するまで開かない特殊な箱です。

お金を入れる入口の鍵は、あなたが持っています。

お金を取り出す出口の鍵は、銀行が持っています。

あなたは、毎月35年固定で計算した、10万7０００円をこの箱に入れます。

銀行は3年固定を利用した場合の8万7０００円を、出口から集金していきます。

すると箱の中には、2万円のお金が残ります。

3年後、毎月の返済額（銀行の集金額）が9万7０００円になりました。

あなたが箱に入れる金額はもちろん、10万7０００円です。

返済額は増えましたが、それでも毎月1万円ずつ貯まってきます。

次の3年が来て、今度は毎月の返済額が11万7０００万円になりました。

今度は入れる金額よりも出ていく金額が多いので、貯まったお金から1万円ずつ引かれていきます。

図19　住宅ローンの返済箱

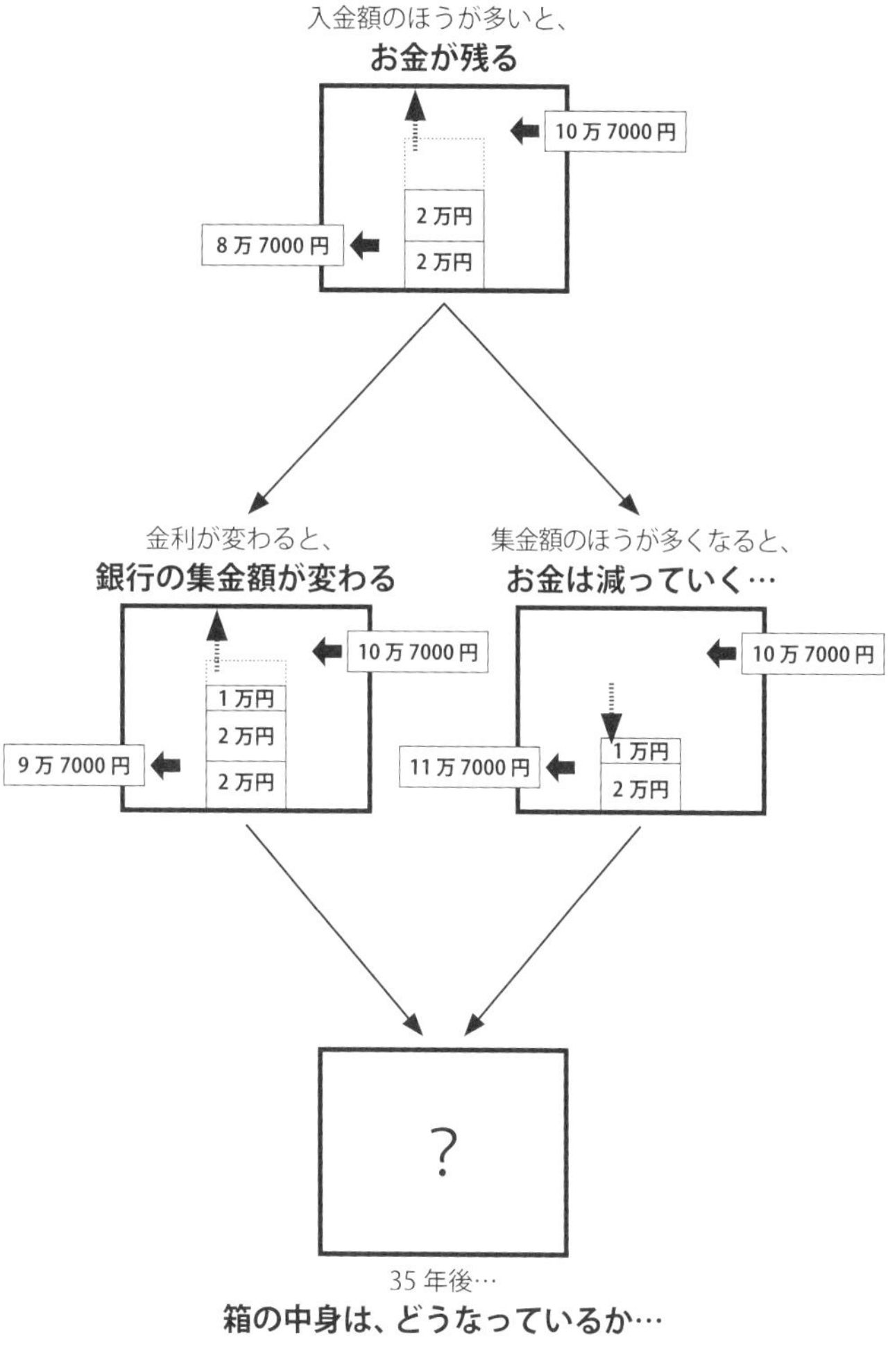
入金額のほうが多いと、
お金が残る
10万7000円
2万円
2万円
8万7000円
金利が変わると、
銀行の集金額が変わる
10万7000円
1万円
2万円
2万円
9万7000円
集金額のほうが多くなると、
お金は減っていく…
10万7000円
1万円
2万円
11万7000円
?
35年後…
箱の中身は、どうなっているか…

次の3年後、その次の3年後……。

35年経ちました、この返済箱が開きます。

もし、箱の中に1円でも、お金が残っていれば、あなたは住宅ローンという「賭け」に勝ったわけです。

もし、その金額が、返済の途中で、「お金が入っていませんよ」と請求されて余分に払った金額より少なかったり、箱を開けたとき「まだローンが残っています。直ちに残額をご返済ください」という紙が入っていれば、あなたの負けです。

もちろん、最初からフラット35を利用していれば、勝つこともありませんが、負けることもないことは、賢明なあなたなら分かるはずです。

つまりこれが、リスクを金融機関に預けるのか、自分でコントロールするのかという違いになる訳です。

第５章
損を出さない住宅ローンの組みかた

「いくらの家を買うのか？」ではなく、いくらの家なら買えるのか

繰り返しになりますが、とても重要なことなので、もう一度書きます。

大事なのは、35年固定の金利（つまりノーリスクな住宅ローン）で計算して、支払っていける住宅ローンでなくてはいけないということです。

では、いくらなら支払っていけるのか？

それは、ライフプランを立てなければ分かりません。

ライフプランの話は後で詳しく説明しますが、要するに、35年固定の金利で計算した月々返済で住宅ローンを返済し、毎月の生活費をやりくりし、車も現金で買い替えて、子どもの希望通り進学させ、なおかつ繰上返済の財源を貯蓄し、老後の準備もするとします。

そこまでできるライフプランを組んだとき、我が家ならいくらまでの住宅ローンが借りられるのか？

それこそが、資金計画でもっとも核になる部分なのです。

第1章でお話した通り、ほとんどの銀行や工務店・ハウスメーカーの資金計画は、どうしても、まずは「買わせたい家ありき」で話が進んでいきます。

これでは、資金計画はつじつま合わせになってしまうのです。

そんな資金計画はあなたの人生を狂わす罪なものです。

「いくらの家を買うか?」ではなく、「いくらの家なら買えるのか?」という現実的なことから始めていきましょう。

ライフプランを立てる前に知っておくべき鉄則

ここからは、少し細部の話になっていきます。

しかし、これからライフプランを立てる上で、どれも重要な要素ばかりですし、質問も多い部分なので、ひとつずつ見ていくことにしましょう。

［ボーナス返済はしたほうがいいのか？］

いまだに、資金計画を、ボーナス返済を使って組んでいるケースをよく見かけます。正直、個人的には、「ボーナス返済」という言葉自体、「死語」じゃないかと思っています。

リーマンショックをご経験された皆さんなら、お分かりいただけるはずです。

ボーナスというのは、会社の業績に応じて支払われるものです。労働基準法的にも「必ず支払わなくてはいけない」という決まりはありません。

ボーナスの支払が保障されている公務員等を除き、「ボーナス返済」で資金計画を組むのはやめましょう。

「月々のやりくりでは支払えないから、ボーナスで」というのは逃げでしかありません。

何度も繰り返すようですが、ボーナス返済も、家を売る側が、月々の返済を今の家賃並みに抑えるために見せかける資金計画です。

くれぐれもこの手の話――次のような条件を提示されたとき、迷わないようにしてください。

3000万円　2・5%（元利均等）　35年返済

○ボーナス返済なし　　月々返済額　10万7248円

○ボーナス返済あり（ボーナス時プラス15万円）

月々返済額　8万2330円

ボーナス時返済額　15万0000円

【返済期間は35年でいいのか?】

資金計画を立てるうえで、金利と同じぐらい大切なのが返済期間の設定です。

金融機関や工務店・ハウスメーカーが当たり前のように、35年返済で資金計画を立ててきますが、本当にそれでいいのでしょうか?

安い金利で資金計画をすることと同様に、35年目一杯で返済期間をとることは、見せかけの月々返済を少なくするためです。

例えば35歳のご主人が35年返済にした場合は、

借入金３０００万円　２％（元利均等）35年返済→月々返済額10万７２４８円

しかし、35歳のご主人が35年返済にした場合、ローンが終了するのは70歳になってしまいます。

どう考えても、それは現実的ではありません。

もし、定年の60歳までに返済を終了するように、25年返済でローンを組むとどうなるでしょう。

借入金３０００万円　２％（元利金等）25年返済→月々返済額　13万４５８５円

となり、当然月々返済額が多くなります。これが現実です。

ですから、私たちがローンを組む場合は、やはり働いている間に住宅ローンが完済できるライフプランで計画しましょう。

しかし、だからといって35年返済を利用しないということではありません。

定年までに完済できるローンを組むには、当然定年までの年数で返済期間を設定する方法と、繰上げ返済をして返済期間を短くする方法があります。

どちらが最適なのかは、家庭ごとによって違いますが、**もし繰上げ返済を前提にするなら、その繰上げ返済用の貯蓄計画も同時にライフプランに織り込んでいく必要があります。**


【繰上げ返済は余裕資金で】


繰上げ返済の話題が出てきたので、続いて繰上げ返済の仕組みについて、説明しましょう。

繰上げ返済には、「返済期間短縮型」と「返済額軽減型」の2種類があります（図20）。

返済期間短縮型は、元金を何ヶ月分繰上げたのかによって、短縮できた期間と、その期間に支払う予定だった利息が軽減できる繰上げパターンです。

返済額軽減型は、単純に元金を返済することにより、利息を軽減するタイプで、毎月の返済額が軽減されるパターンです。

具体的に、返済開始5年後で100万円繰上げ返済をした場合、その繰上げ効果は

図20　返済期間短縮型（上）と返済額軽減型（下）

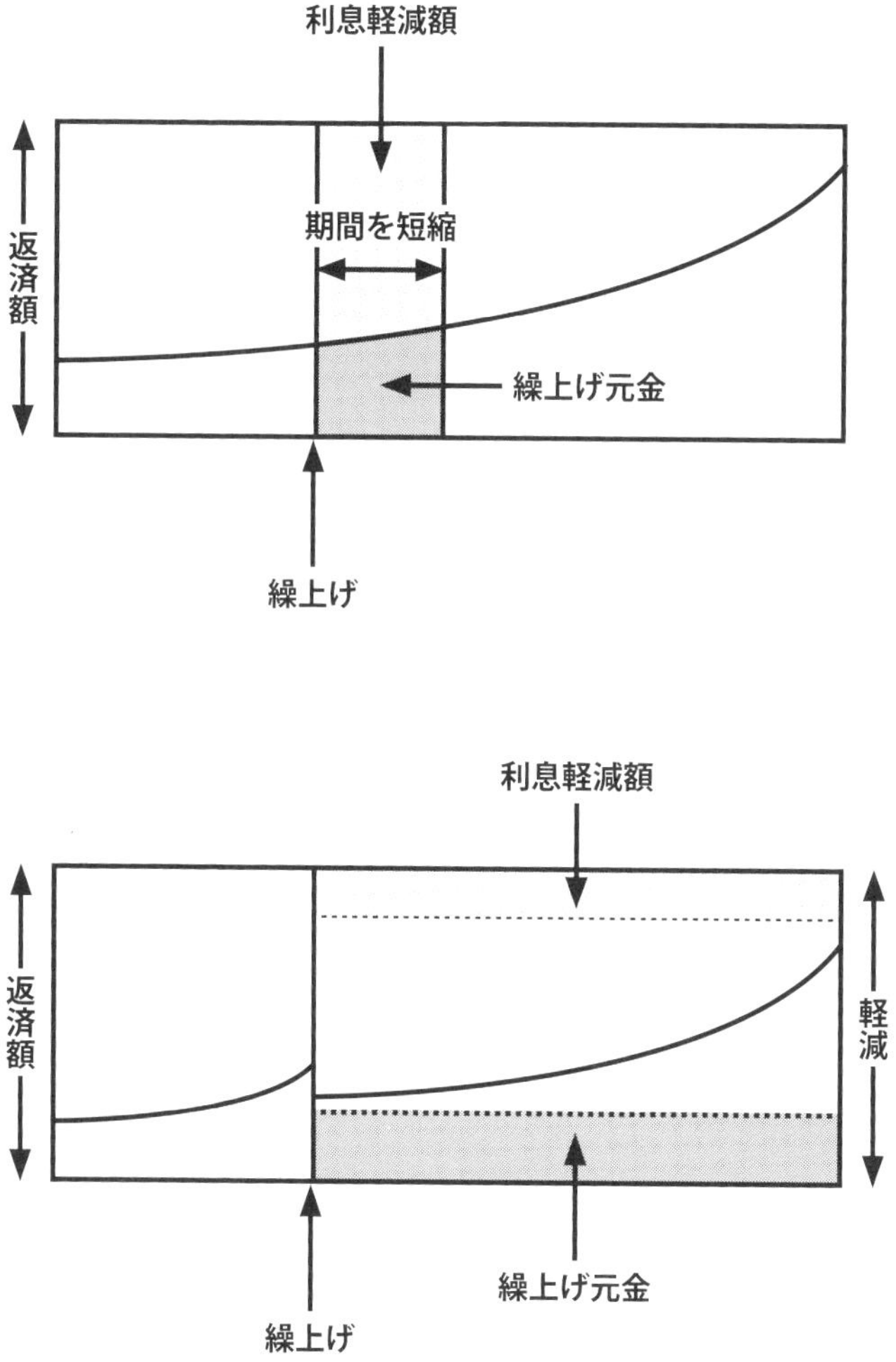

図21　返済開始５年後で100万円繰り上げ返済をした時の比較

繰上げタイプ	一部繰上げ金額	繰上げ効果	軽減利息
期間短縮型	約100万円	１年７ヶ月短縮	約108万円
返済額軽減型		月々返済額 107,248円 ⇒103,375円	約43.6万円

（3000万円、2.5％（元利均等）35年返済の場合）

次のようになります（図21）。同じ繰上げ金額では、利息の軽減効果は、期間短縮型のほうが大きいため、一般的に繰上げ返済といえば、期間短縮型のことを指す場合もあります。

さて、ここまでが一般的な繰上げ返済の説明です。

しかし、これだけでは本当の意味での説明としては不十分なのです。

皆さんなら当然お気づきでしょうが、図を見ても分かるように、繰上げ返済というのは、利息の支払の多い返済期間前半で実行したほうが、軽減できる利息の効果は大きいのです。

ちなみに、先ほどの例をとれば、返済５

年経過段階で約１００万円繰上げした場合の軽減利息は約１０８万円ですが、返済10年経過段階で１００万円繰上げ返済をすると軽減利息は約85万円と効果は少なくなります。

だから、雑誌を見ても本を読んでも、繰上げ返済は少しずつでも、早めにしたほうがいいと書かれているわけです。

しかし、本当でしょうか？

確かにそろばん上は、その通りです。

私どものところには、住宅ローン以外にも家計の相談にみえる方も多くいます。

特に多いのは教育資金がピークになって家計が火の車になっている方々なのですが、その方々の中には少なからず、繰上げ返済を頑張り過ぎて、貯蓄が少ないという方がいます。

これもライフプランを立てて、貯蓄の推移を見ていただくと分かるのですが、子どもの教育費がピークになる前に頑張って繰上げ返済をしすぎると、子どもが大学を行くときに貯蓄がないという現象に見舞われます。

それで、教育ローンを借りなければならないようなら、それこそ本末転倒ですよね。

繰上げ返済はあくまでも、余裕資金で行うのが基本です。教育資金や車の買い替え資金等を考えた上で、計画していきましょう。

【頭金は多いほうがいいのか？】

同じ観点で、頭金についても考えることができるので、触れていきましょう。第2章でも触れたとおり、頭金は出せばいいというものでもありません。

工務店やハウスメーカーはとかく頭金をたくさん出させようとします。

少しでも多くの予算を引っ張り出したいと必死なのでしょう。

または、月々返済を少なく見せたいのかもしれません。

ここまでローン金利の話を聞かされたあなたも少しでも払う利息を少なくするために必死で頭金を出そうとするかもしれません。

頭金を多く払って、その分ローンが少なくなれば、当然支払う利息も少なくなります。

例えば100万円多く頭金を払って、ローンが少なくなれば、支払う利息だけで約50万円も違ってきます（2・5％（元利均等）35年返済の場合）。

しかし、万が一のことが起こったときに、生活を守ってくれるのは現金預金だけです。

第2章では、ざっくりと年間の手取りの1年分を確保するように書きましたが、それ以外にも、車の買い替えなども見越す必要があります。

また、家庭によっては、子どもの学費が発生する数年間の間、月々の家計が赤字になるケースもあります。

その場合私は、学費を数年間分計算して、前払いしたと思って預貯金から別枠で確保してしまいます。

こうすることで、月々の家計から、学費を払うことなく、別枠にした預貯金から払うことで、月々赤字にならないようにします。

結果は一緒になるのですが、毎月の家計が赤字になるストレスは主婦なら経験があると思いますが、耐えられないものです。

これは一つの例ですが、こういった場合も考慮したうえで、家計に残す預貯金、ひいては頭金を算出する必要があるのです。

［共働き夫婦のライフプラン］

ライフプランでかなりウエイトが大きいのは、実は奥さんの収入です。

今すでにバリバリの共働きの場合はさておき、現在は出産・育児のために一旦リタイアしているけれど「将来はまた仕事をする」という場合に、どうライフプランに組み込んでいくのかがポイントです。

私たち家計と資金計画のプロが、ライフプランをつくった場合、奥さんの収入の想定はかなり辛めに評価します。

つまり、確実に働けるような年齢になってから、なおかつ、これぐらいなら確実にパート程度でも見込めるだろうという収入しか計画にいれません。

そして原則は、ご主人の収入だけで、返済していける住宅ローンを計算します。そうすれば、奥さんが得た収入は、全額貯蓄に回すことができます。

なによりも大事にしたいのは、住宅ローンのために奥さんが働きに出るということにはしたくないのです。

できれば、家のためではなく、子どもの教育費を貯めるためにという気持ちで働いてもらいたいと思っています。

「奥さんが働かなければ住宅ローンが返せない」というプレッシャーは、子どもにも伝わるものです。


さて、夫婦ともにバリバリ正社員で共働きの場合はどうでしょうか？

基本は、先ほどとなにも変わりません。

奥さんの収入をどこまで考慮するのか、線引きをきちっとしておく必要があります。

私どもでは、場合によっては、正社員を続ける場合と、パートで働く場合の２通りのライフプランを立てることもあります。

これはおススメですので、是非やってみてください。色々なことが見えてきます。

悲観的に計画しておけば、後は楽観的に行動できます。

パートでもやっていけるように計画しておいて、正社員が続けられれば予定よりも暮らしが楽になります。

大切なのは、正社員でもパートでもいいという選択肢、つまり自由度を持っておくことです。

そこまでシミュレーションしたうえで、技術的に住宅ローン控除を有効に利用するためや、団体信用生命保険などでのリスク分散をするために、連帯債務でローンを組んだりすることは、大いに結構なことですが、「まずは連帯債務ありき」という住宅ローンの組み方はいかがなものかと思うのです。

頭金の貯金よりも、いかに低い金利を手に入れるか

この話は、少し余談になるかもしれません。

しかし、ライフプランに住宅ローンを組み込んでいくにあたって一番難しいのが住宅ローンの金利をどれだけで設定するのかということです。

金利は原則として、融資が実行された時点での金利が反映されます。

今計画していても、融資が実行されるのは、数ヶ月後いや半年以上先になることも充分に考えられます。

もちろん計画の段階では、金利は今よりも上がるという前提で計画をしていくのですが、この金利の増減が、実は大きな違いを生みます。

たまにご相談の中で、「今住宅ローンを組んで家を買ったほうがいいか、それとももっと頭金を貯めたほうがいいか？」という質問をうけることがあります。
私はその度に、こうやって説明します。

現在家賃8万円の賃貸に住んでいる人がいました。
今3000万円の住宅ローンを組んだほうがいいのか、それとも3年間で200万円の頭金を増やしてからローンを組んだほうがいいのか？

今住宅ローンを組んだ場合
借入金3000万円　2・5％（元利金等）35年返済➡月々返済　10万7248円
総返済金額4504万4199円

3年後今より金利が0・5％上昇していた場合
借入金2800万円　3・5％（元利均等）35年返済➡月々返済　10万7758円
総返済金額4525万8036円

どうですか？　**3年後に金利が上がっているかどうかはもちろん分かりません。ただ、たった0・5%の金利上昇が200万円の頭金を吹っ飛ばしてしまう事実は知っておくべきです。**

ましてや、それが3年後であれば、288万円分の家賃を払う訳ですから。

いつが金利の底なのかは、だれにも予測できません。

ただ、私たちが判断できるのは、「この先金利が下がっていく可能性が高いのか、上がっていく可能性が高いのか？」ということです。

私たち資金計画のプロはどうしても、悲観的に想定していくクセがあるので、どうしても金利は上昇するのではないかと予測してしまいます。

もちろん話半分で聞いていただければいいのですが、最悪な状況とは、景気がよくならないのに、金利だけが上昇してしまう状態です。

一般的にはスタグフレーションというような状態です。

そうならないことを祈りますが、可能性がまったくないとも言い切れません。

これから住宅購入を考えている皆さんに、なるべくこの低金利の状態で、長期の固定金利をおススメしているのには、こんな理由もあるのです。

何度も繰り返しますが、話半分で聞いてください。

これを言っては「専門家なのに……」と思われるかもしれませんが、最終的には家を買うタイミングは本人に任せるしかありません。

けれども、複利というローンが持つ利息の大きさが、たった0・5％でこれだけの影響を及ぼすことだけは、頭の片隅にいれておいてください。

第6章 ライフプランはこうして立てる

さあ、ライフプランを立てよう！

本章では、住宅資金計画を考える際に、大事な４つのポイントとその流れについて解説します。

４つとは、次の項目です。

1、ライフデザイン
2、月額収支の確認
3、ライフプランニング・シミュレーションの実施と効果
4、住宅ローンの具体的数字の確認

家を建てるとき、「どこの土地にしようか……？」「どんな外観の建物で……」「リビングは吹き抜けで……」など思い浮かべると、マイホームの夢がどんどん広がりますよね。

もちろん、夢のマイホームのイメージを描くことはとても大事なことです。

しかし、夢ばかりを優先しすぎて、お金の話になった途端、「妥協」せざるを得ないという現実が待っています。


また、住宅ローン返済中に家族構成の変化や収入の変化に対応できず、ローンを支払えなくなるご家庭も少なくはありません。

安心できる住宅資金計画の考え方を知った上で、夢のマイホームをスタートすることで、将来に渡って幸せな家庭を築くことができます。

ライフデザイン

「あなたの人生における夢はなんですか?」

この本を手にされている方は、住宅購入が一つの夢かと思います。確かに大きな夢ですし、私自身もマイホームに関しては色々な夢を持っています。しかし、夢はそれだけではないと思います。

「こんな生き方をしたい」「子どもたちはこんなふうに育って欲しい」「家族で楽しく暮らせる家が欲しい」「豊かなセカンドライフを送りたい」などなど、人それぞれに夢があると思います。

この頭の中に漠然としている夢を、一度紙に落とし込むことで、家族が考えていることを共有できますので、一度、記載することをオススメします。

ライフイベントを時間軸で分かりやすく書くことができる表をライフイベント表といいます（図22）。

このイベント表は、縦軸に家族の属性情報を記載し、横軸には現在から将来にかけて家族の年齢を記載することができます。

自分の年齢を記載し、1歳刻みで年を増やしていきます。自分が年を取るということは、家族も年を取るわけです。

各自の表の項目に、イベントという項目があります。たとえば、子ども達には「学校」という項目があるかと思います。生まれた誕生日で、何歳で学校に行くのかが決まります。

先の例ですと、太郎さんが32歳のとき、一郎君が小学1年生というのが分かります。同じように智子ちゃんの年齢からも就学スケジュールが見えてきます。

この表を記載していくと、自分が何歳のときに子どもが大学生になるのかが分かるようになります。

大学生の時に最も教育資金が必要な年になりますので、この年度には印を付けて覚えておくといいでしょう。

本人及び配偶者のご両親の年齢も記載できるようになっています。これを子どもの年齢と照らし合わせて見てみると、「両親が健在なうちに子どもは結婚できるかな？」「成人式には両親は健在だろうか？」と様々な予想ができます。

実際、この表を書いてみると、改めて「両親に親孝行をしておかないと……」と感じます。

「その他イベント」には、家族共有のイベントが書けるようになっています。住宅関連の行には、実際に住宅を購入する時期、そして修繕計画、子どもの成長と共に必要

37	38	39	40	41	42	43	44	45	46	47	48	49	50
12	13	14	15	16	17	18	19	20	21	22	23	24	25
40	41	42	43	44	45	46	47	48	49	50	51	52	53
38	39	40	41	42	43	44	45	46	47	48	49	50	51
14	15	16	17	18	19	20	21	22	23	24	25	26	27
中3	高1	高2	高3	大1	大2	大3	大4						
													結婚
12	13	14	15	16	17	18	19	20	21	22	23	24	25
中1	中2	中3	高1	高2	高3	大1	大2	大3	大4				
70	71	72	73	74	75	76	77	78	79	80	81	82	83
68	69	70	71	72	73	74	75	76	77	78	79	80	81
67	68	69	70	71	72	73	74	75	76	77	78	79	80
65	66	67	68	69	70	71	72	73	74	75	76	77	78
太郎			花子							太郎			花子

名前	①太郎	②花子	③一郎	④智子
欲しいものリスト	デジタル一眼レフカメラ	マッサージチェア	おもちゃ	
	ホームシアターセット	○○のバッグ	自転車	
	バイク	電動自転車		

図22　山田さん一家のライフイベント表

				26	27	28	29	30	31	32	33
年度				26	27	28	29	30	31	32	33
経過年				1	2	3	4	5	6	7	8
① 自分		山田太郎	生年月日 S59/4/21	29	30	31	32	33	34	35	36
			イベント								
② 配偶者		花子	生年月日 S61/6/1	27	28	29	30	31	32	33	34
			イベント								
子	③	一郎	生年月日 H22/7/20	3	4	5	6	7	8	9	10
			学校	年少	年中	年長	小1	小2	小3	小4	小5
			イベント								
	④	智子	生年月日 H24/4/8	1	2	3	4	5	6	7	8
			学校			年少	年中	年長	小1	小2	小3
			イベント								
本人	父	吾郎	生年月日 S30/1/1	59	60	61	62	63	64	65	66
	母	奈津子	生年月日 S32/5/1	57	58	59	60	61	62	63	64
			イベント		還暦		還暦				
配偶者	父	進	生年月日 S33/4/10	56	57	58	59	60	61	62	63
	母	麗子	生年月日 S35/7/1	54	55	56	57	58	59	60	61
			イベント					還暦		還暦	
その他イベント	住宅関連										
	車の乗り替え				太郎			花子			
	旅行					海外旅行					
	結婚記念日					10周年					

となるかもしれないリフォームなどが予測できます。

次に、車の乗り替え項目です。地方によっては夫婦共働きで車が2台あるのが当たり前になっているエリアもあります。車は消耗品ですので、定期的に乗り替えが発生します。その都度お金がかかります。ライフプランのご相談中に乗り替え頻度を伺うのですが、多くの方がみなさん「10年サイクルで」と答えます。

ここで忘れてはいけないのが、車検です。2年に一度の頻度で車検はありますので、ご主人と奥様の車検の年が重ならないように考えたほうがいいのではないかと思います。

次に旅行です。家族で海外旅行や国内旅行を定期的に楽しみたいと考えている家族もあるかと思います。是非、家族との思い出作りに旅行を計画しておきましょう。これも意外とお金がかかりますので、予算化することが重要です。

夫婦の記念日も記載してもいいかと思います。

家族のイベントの記載がおわりましたら、次は欲しい物リストです。

実現できるかどうかは分かりませんが、欲しいものを記載しましょう。

書き出してみると、これがまたお金がかかる物が多く出てきます。夫婦間で、「えっ？　こんなの欲しかったの？」と思わず相手の意外性に驚くことも多々あります。

このように、ライフイベント表を記載することで、家族の未来の年表ができ上がります。これを、きれいに書く、正確に書くということが重要なのではなく、**家族で話し合って「書き出すプロセス」が、ライフプランをつくる上で重要なのです。**

夢がない人生は寂しいですよね。夢に向かって家族で一歩一歩前進することこそ、生きがいだと思います。

私は、小さい時にプラモデルを沢山作った経験があります。これは、でき上がった物が欲しいのではなく、子どもながらに組み立てていくプロセスが楽しかったのですね。家づくりで、一番大変なのが、間取りの打ち合わせや、内装・外装などのデザイン、色決めです。その時は大変なんですが、振り返ると一番楽しかったりしますよね。

是非、ライフイベント表の子どもが大学1年生の所に印をしてあげてください。この年度は、嬉しい反面、家計の中で最も支出が増える年度になるかと思います。後ほど、この時期が明暗を分ける理由についてご説明します。

月次収支の確認

前段で実施しましたライフデザインを基にライフイベント表ができ上がりました。次は、未来へ向けてシミュレーションを進めていきます。

まず将来のお金の流れを計算する上で、現在の状況が把握できていないといけません。

企業の場合、必ず毎年決算でこの1年間で売り上げがどれだけあって、どれだけの経費を使って、利益はいくらだったのかを収支計算しています。

これは、年間の利益の有無を確認するためだけではなく、決算結果に応じて税金を納める必要があるからです。

本来、家庭でも年に一度は決算をして、1月~12月までの収支を計算して、納税の有無を確定申告する必要があります。しかし、ほとんどのケースは、給与収入ですので、会社が毎月源泉徴収を行ない、更に年末調整で、税金も計算して申告しています。ですので、2月～3月に行われている確定申告に、みなさんが足を運ぶケースはめったにありません。その年度に、医療費を多く使っていない限り、申告されている方は少ないと思います。

ライフプランニングをする上で、現在の年間の収支から、5年後、10年後、20年後と未来をシミュレーションすることになります。

しかしながら、年間の家計の収支を計算することは、なかなか把握しにくいと思いますので、これを「月々の」収支で見ていくことで、より正確な数字で把握できます。というのも、ほとんどの方は月給で毎月お給料をもらっていますし、支払も月々支払う物が多いと思います。

月次の収支のイメージは次の様になります（図23）。左側が収入で、右側が支出になります。当たり前ですが、天秤に例えると必ず釣り合っています。

これらの支出を詳細に分析していきます（図24）。

図23　収入と支出のイメージ

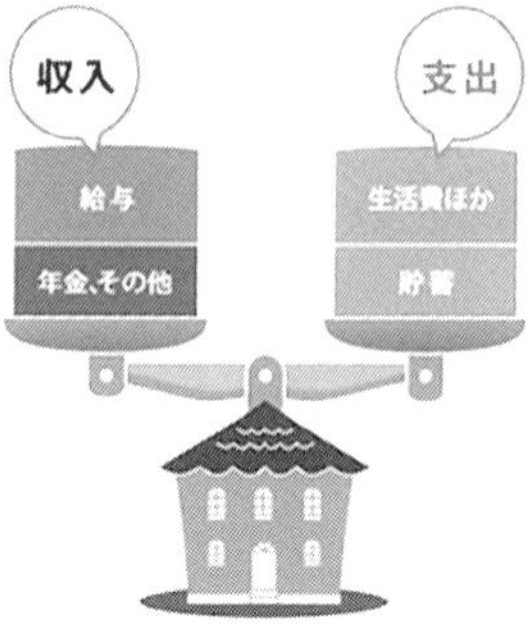

図24　山田さん一家の収支

項目			月額	小計
①	衣類	洋服・下着など	¥5,000	
②	食費	通常の食費	¥30,000	
		外食・飲み代	¥10.000	
③	光熱費	電気代	¥6,000	
		ガス代	¥5,000	
		灯油代	¥2,000	
		水道代	¥4,000	
④	通信費	固定電話	¥2,500	
		プロバイダなど	¥5,000	
		新聞代	¥4,000	
		NHK 受信料	¥2,500	
		BS・CS など	¥0	¥14,000
⑤	税金など	固定資産税	¥0	
		自治会費	¥0	
		町内会費	¥0	¥0
⑥	医薬品	配置薬	¥0	
		処方箋	¥0	
		コンタクトなど	¥0	¥0
⑦	冠婚葬祭	祝金・香典・お年玉など	¥5,000	
⑧	レジャー費	毎月の遊興費など	¥5,000	
⑨	雑費	雑貨	¥3,000	
		日用品	¥0	
		ペット関連	¥0	
		電化製品など	¥0	¥11,000
⑩	その他			
⑪	ご主人の経費		¥55,625	
⑫	奥様の経費		¥30,600	
⑬	教育費	学校教育費	¥0	
		家庭教師・学習塾	¥0	
		習い事	¥0	
		教育用品	¥0	
⑭	住宅	住宅ローン	¥0	
		家賃	¥70,000	

ご主人	月額
車の経費	¥16,625
ガソリン代	¥10,000
駐車場代(自宅外)	¥0
お小遣い	¥20,000
携帯代	¥9,000
生命保険	¥0
その他	¥0
合計	¥55,625

自動車税	¥39,500	年間
自動車保険	¥60,000	年間
車検代金	¥120,000	２年毎
オイル交換	¥10.000	年間
タイヤ経費	¥30,000	年間
合計	¥199,500	年間
月額	¥16,625	月額

奥様	月額
車の経費	¥12,100
ガソリン代	¥5,000
駐車場代(自宅外)	¥0
お小遣い※	¥10,000
携帯代	¥3,500
生命保険	¥0
その他	¥0
合計	¥30,600

自動車税	¥7,200	年間
自動車保険	¥50,000	年間
車検代金	¥120,000	２年毎
オイル交換	¥8,000	年間
タイヤ経費	¥20,000	年間
合計	¥145,200	年間
月額	¥12,100	月額

※美容院、化粧品などの加算忘れに注意

支出は大きく分けて次の3つのグループに別れます。

1.（家族）共通の生活費
2.世帯主の経費
3.配偶者の経費

何故、あえて世帯主と配偶者の経費を別々にして考えているかといいますと、**個々に毎月かかっている経費を把握できるという面はもちろん、ご主人に万が一何かがあった場合、以降かからなくなる経費も把握できるからです。**保障額を計算する上でも分けておくことが非常に有効になります。こちらは、後で詳しく記載します。

まずは、共通の生活費です。

【共通の生活費】

①衣類…月々の衣類にかかっている金額を記入してください。お小遣いの範囲で各々が購入しているのであれば、ご主人と奥様、個々の経費に入れてください。

②食事…通常の食事の部分は、毎月家庭で食べている食費です。そして、外食です。これも分けて考えましょう。のちのち、家計の支出を削る必要があるとき、この外食費が、候補の中に入ってきます。

③光熱費…電気、ガス、灯油、水道と4つに分けて計算します。今住んでいるところが電気、ガス、灯油を全て使っているとした場合、新築でオール電化にされる場合もあると思います。その場合、どのくらいの差額があるのか、あとで把握しやすいと思います。

④通信費…これは、固定電話、NHK受信料、インターネットプロバイダ、ケーブルTV、BS、CSなどです。携帯電話は、ご主人と奥様の各々の経費の部分に入れてください。

⑤税金、自治会費など…固定資産税、自治会費、町内会費など、住んでいることでどうしてもかかる経費があると思います。それらを記載してください。

⑥医療費…家庭に置いてある常備薬、定期的に服用している処方箋、またコンタクトレンズ、メガネなどの経費を計算してください。計算してみて、この医療費が多くかかっている場合、確定申告をして医療費控除を受けることができます。10万円を大

幅に超えている方には、医療費控除の申告をお勧めしています。病院の領収書は再発行できない物が多いので、必ず保管しておきましょう。
⑦冠婚葬祭費…葬儀、お通夜での香典や、結婚式などのご祝儀、そして二次会参加費、お正月のお年玉などの経費を記載してください。
⑧レジャー費…定期的に旅行に行かれたり、家族でレジャーランドに行く場合の経費を記入しましょう。
⑨その他…こちらは、ご家庭固有の項目があれば、別途記載しましょう。例えば、ペットを飼っている経費、あとは、定期的に飲んでいるサプリメントなど。
続いて、各個人の経費を見ていきましょう。

ここでは配偶者も同じように入力します。

時々、奥様に「お小遣いは？」と伺うと、「いえいえ、私はお小遣いをもらっていません」というケースがあります。しかし、美容院の費用であったり、また洋服の費用であったり、化粧品代などの出費があるはずなので、月額に直して計上してください。

【世帯主の経費】

①車の維持費…車は所有しているだけで経費がかかっています。

②自動車税…毎年5月に請求が来ると思います。車を2台持っていると、ここで一気に請求が来ますので、毎月コツコツ準備していないと、きつくなります。

③自動車保険…自動車に乗る限り、任意保険はかけるべきです。万一の事故で大きな賠償が発生すると大変です。

④車検代金…車には2年（新車時は初回3年）に1回の車検が必要です。これにも意外とお金がかかります。

⑤オイル交換…車のエンジンの潤滑剤ですので、こまめに交換してあげることで車の寿命も伸びると思います。定期的に交換しましょう。

⑥タイヤ経費…タイヤは消耗品です。3~5年毎に交換すると思います。4万円のタイヤを4年に1回交換するだけで、1年間に1万円の経費になります。これに、冬場必要になるスタッドレスタイヤ。これも同じように考えますと、車のタイヤ経費だけで年間1万~2万円はかかっているのです。

⑦ガソリン代…車を所有している以上、ガソリンが必要です。これも、計上しない

といけません。

⑧駐車場代…車をご自宅に駐車できない場合、月極で借りるケースもあると思います。

⑨お小遣い…毎月、定額でもらっているお小遣い。たばこ代や昼食代などの目的別の場合もあると思いますが、定額で決まっている場合、それらも含めてください。

⑩携帯代…毎月のコストとして、これも必ずかかっているお金だと思います。家族の割引など料金プランで有効なタイプを使い、コストダウンを図りましょう。

⑪その他…毎日、晩酌などで飲んでいるビール代などがあれば、計上しておきましょう。また、車のローンや奨学金などの支払もあれば記載します。

これら、全ての数字が入力し終わりますと、月次の収入から、支出を差し引きますと貯蓄額が出ると思います。改めて支出を見ると、「えっ？　こんなにかかっているの？」と驚かれるケースもあるでしょう。

貯蓄額がマイナスになってしまうご家庭や、貯蓄額があまりにもできていないご家庭……、と様々です。

家計簿を付けていますと、月次の収支は計算しやすいと思います。そうではない場合、じっくり計算して貯蓄額が合ってくるかを計算しましょう。

ライフプランニング・シミュレーションの実施と効果

次に、現在の生活費データと、将来の夢を織り交ぜてライフプランニングを行います。現在から将来までのキャッシュフローを計算しますので、ここからは手計算の領域ではなくなります。

私たちＦＰはさまざまな手法で、将来のシミュレーションを行っています。ここでは、私たち・住まいのＦＰ相談室が導入しているライフプランニングソフト「ＬｉｆｅＰｉｔ®」を利用して、将来のシミュレーションを考えていきましょう。

今回は、以下の山田太郎さんのご家庭を基に、ライフプランニングの実際を見ていただきたいと思います。初回のヒアリングで、山田さんのライフプランを伺いました。その結果は、次の通りです。

家族構成（平成26年４月１日現在の年齢）

ご主人　山田太郎　昭和59年４月21日（29歳）会社員
奥さま　山田花子　昭和61年６月１（27歳）主婦
長男　山田一郎　平成22年７月20日（３歳）幼稚園
長女　山田智子　平成24年４月８日（１歳）

山田さん一家の現状と悩み

現在、アパートにて家族４人での暮らし。

子どもは、二人とも大学に進学させたいし、県外でも行かせてあげたい。

学資積立は毎月１万円だけしている。結婚時期には１５０万円くらいの資金援助はしてあげたい。

車も10年毎に乗り替えている。毎年旅行でディズニーランドに行きたいし、３年〜5年ごとくらいに海外旅行もしたい。

「長男が小学校に入る前には新築を」と思っているが、今のご時世で新築に踏み切るべきなのか？　また、自分たちの生活でどのくらいの住宅ローンが借りられるのか？

どこに相談していいのか？　よく分からない。
一応、「新築の為に」と、就職してから共働きの間に４００万円を貯金。家を買うときには、両親から３００万円の資金援助が可能。
ご主人：年収４６０万円（総支給額）奥様：専業主婦

住宅資金計画のご相談で面談させていただき、初回ヒアリングをしますと、こういったご家庭はよくあります。住宅購入の際、皆さんがよく悩まれる点が、山田さん一家に多々ありました。

夢のマイホームを建てたいけれども（「子供が小学校に入学する前に」が多いです）、「いつ」「いくら」ぐらいで建てることが合理的なのか？　また、資金的な相談をどこにすればいいのか？　で悩んでいるケースが多いのです。

これらのご相談にお答えするには、しっかりした資金計画とライフプランニングが重要です。

「今すぐ」住宅を購入したほうがいいのか、それとも「頭金をしばらく貯めてから」購入したほうがトクなのか。

そもそもこのまま家賃を払いアパートで暮らし続けるか、それとも住宅を購入したほうがトクなのか。購入するとしたら、「どのくらい」の額を借りると、ムリなく返済し続けられるのか……。といった内容で悩まれている方が多くいらっしゃいます。

そういった漠然とした不安を解消してくれる——具体的な数字を落とし込み、各項目を定量化してくれるのが、このシミュレーションなのです。

山田さん一家のライフプランニング

では、実際にFPソフトを使ってライフプランを詳しく考えていきます。

まず、家族構成の入力です（図25）。

続いて、現在の収入を入力します（図26）。手取り収入を計算で使います。賞与も手取りで入力します。会社で生命保険料などの給与引き落としなどがある場合は、手取り額に含めてください。

ですので、総支給額から健康保険と厚生年金、所得税、住民税のみが引かれた数字で考えましょう。

図25　家族構成

図26　世帯主の収入

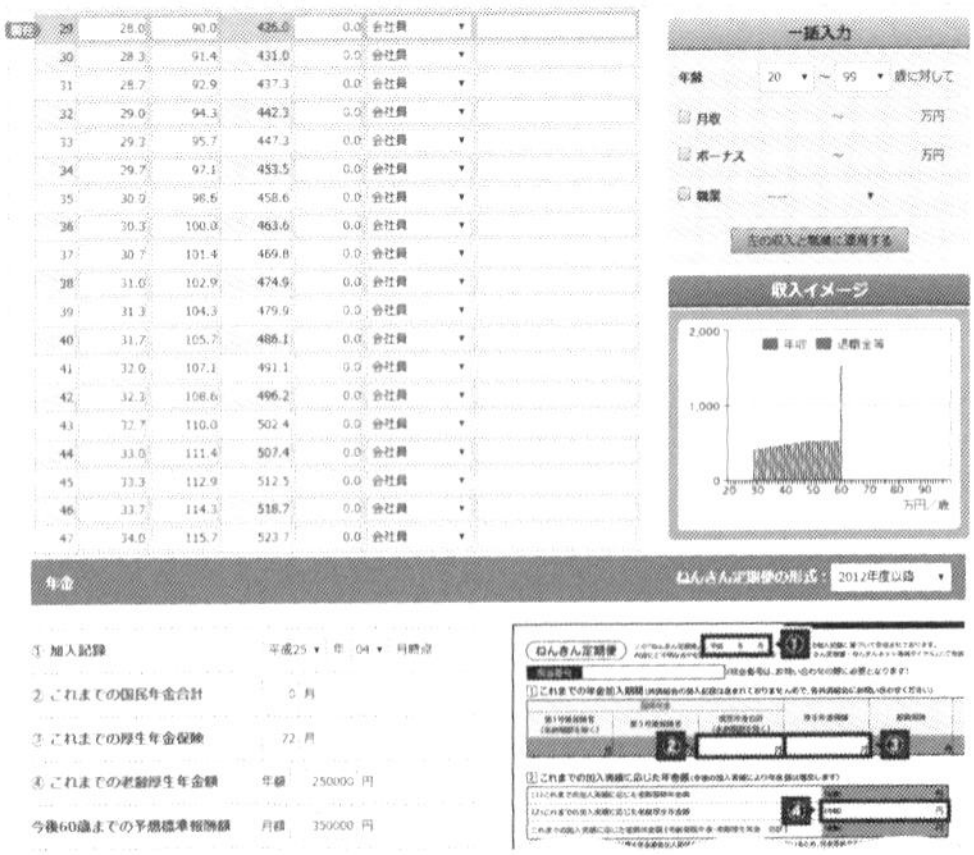

尚、今後の収入の変動に関しては、○歳のときいくらで、定年予定時にいくらくらいになるか予想して入力します。

そして、老後の収入に関しては「ねんきん定期便」から数字を読み取ります。これで、65歳以降の概算の収入は計画できます。

次に、奥様の現在の収入を入力します。専業主婦ですので、収入はゼロになります。

年金に関しては、ねんきん定期便から書き写してください。

【生活費】

続いて、生活費です（図27と28）。

こちらは、月次収支で計算した数字を入れていきます（157ページ「図24」参照）。

【お子様】

続いて、お子様の就学について考えてみましょう（図29）。

図27　共通の生活費

③ 生活費について

◎ 共通の生活費

衣類		5000 円／月
食事	◎ 通常の食事	30000 円／月
	◎ 外食	10000 円／月
光熱費	◎ 電気	6000 円／月
	◎ ガス	5000 円／月
	◎ 灯油	2000 円／月
	◎ 水道	4000 円／月
通信費（固定電話、NHK、プロバイダなど）		14000 円／月
税金・自治会費など（固定資産税、自治会費、町内会費など）		0 円／月
医療費（配置薬、処方箋、コンタクトなど）		0 円／月
冠婚葬祭（葬儀、お通夜、結婚式、お年玉など）		5000 円／月
レジャー費		5000 円／月
雑費		8000 円／月
その他	◎ 旅行	10000 円／月
	◎ 項目名を20文字以内で入力してください	0 円／月
	◎ 項目名を20文字以内で入力してください	0 円／月
	◎ 項目名を20文字以内で入力してください	0 円／月

合計：**104,000**円／月

図28　世帯主と配偶者の生活費

◎ 世帯主の生活費

車の維持費		16,625 円／月
ガソリン代		10000 円／月
駐車場代		0 円／月
お小遣い		20000 円／月
携帯代		4000 円／月
その他	◎ [illegible]	0 円／月
	◎ [illegible]	0 円／月

自動車税	39500 円／年
自動車保険	60000 円／年
車検代金	120000 円／2年
オイル交換	10000 円／年
タイヤ交換	30000 円／年
合計	199,500円／年

合計：50,625円／月

◎ 配偶者の生活費

車の維持費		12,100 円／月
ガソリン代		5000 円／月
駐車場代		0 円／月
お小遣い		10000 円／月
携帯代		3500 円／月
その他	◎ [illegible]	0 円／月
	◎ [illegible]	0 円／月

自動車税	7200 円／年
自動車保険	50000 円／年
車検代金	120000 円／2年
オイル交換	8000 円／年
タイヤ交換	20000 円／年
合計	145,200円／年

合計：30,600円／月

図29 お子様

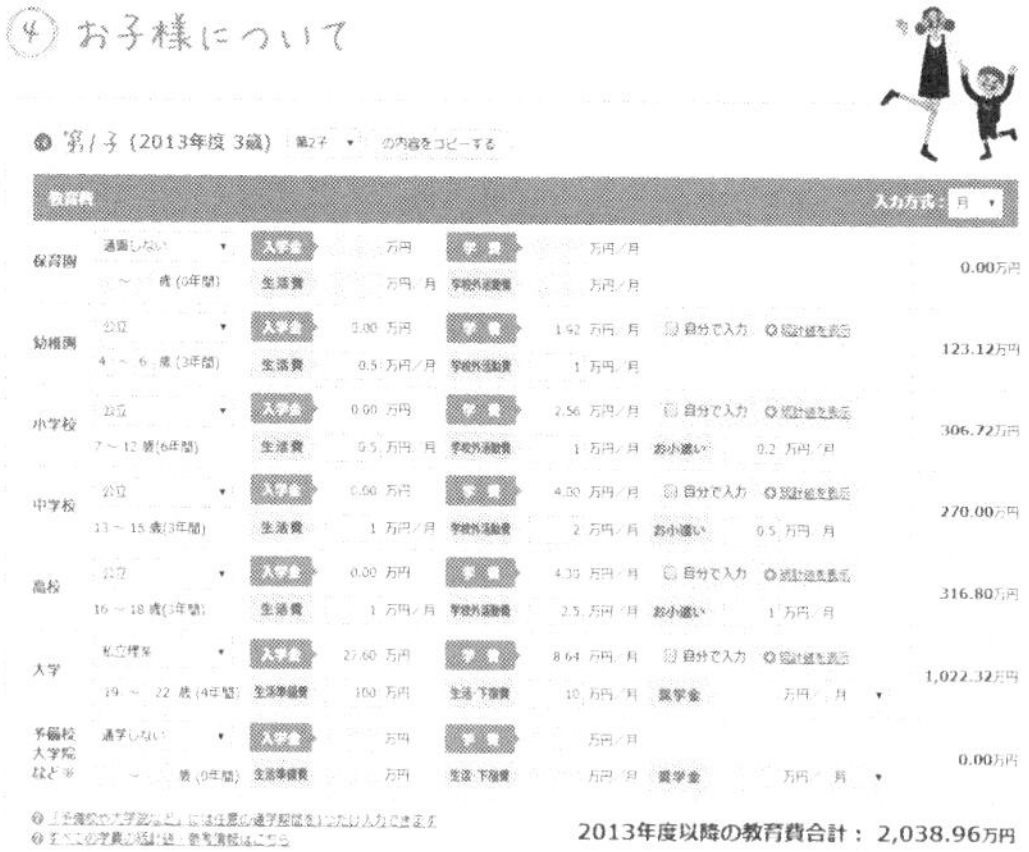

保育園	通園しない	入学金	万円	学費	万円／月			0.00万円
	～ 歳 (0年間)	生活費	万円／月	学校外活動費	万円／月			
幼稚園	公立	入学金	0.00 万円	学費	1.92 万円／月	自分で入力	統計値を表示	123.12万円
	4 ～ 6 歳 (3年間)	生活費	0.5 万円／月	学校外活動費	1 万円／月			
小学校	公立	入学金	0.00 万円	学費	2.56 万円／月	自分で入力	統計値を表示	306.72万円
	7 ～ 12 歳(6年間)	生活費	0.5 万円／月	学校外活動費	1 万円／月	お小遣い	0.2 万円／月	
中学校	公立	入学金	0.00 万円	学費	4.00 万円／月	自分で入力	統計値を表示	270.00万円
	13 ～ 15 歳(3年間)	生活費	1 万円／月	学校外活動費	2 万円／月	お小遣い	0.5 万円／月	
高校	公立	入学金	0.00 万円	学費	4.35 万円／月	自分で入力	統計値を表示	316.80万円
	16 ～ 18 歳(3年間)	生活費	1 万円／月	学校外活動費	2.5 万円／月	お小遣い	1 万円／月	
大学	私立理系	入学金	27.60 万円	学費	8.64 万円／月	自分で入力	統計値を表示	1,022.32万円
	19 ～ 22 歳 (4年間)	生活準備費	100 万円	生活・下宿費	10 万円／月	奨学金	万円／月	
予備校 大学院 など※	通学しない	入学金	万円	学費	万円／月			0.00万円
	～ 歳 (0年間)	生活準備費	万円	生活・下宿費	万円／月	奨学金	万円／月	

2013年度以降の教育費合計： 2,038.96万円

山田さん一家のようにまだ3歳と1歳ですと、まだまだ先の話で想像もつかないと思います。しかし、進学にはお金がかかることを把握しておくことが非常に大事です。

今回のケースでは、高校までは公立で進学し、大学だけは県外の私大に進学することを想定して計算します。

あくまでもシミュレーションですので、ワーストケースを理解しておきましょう。

小学生であれば、学習塾や英語、サッカーに水泳など様々な習い事に通うケースが増えると思います。そして、中学、高校と進学するにつれ、学費以外にも塾や家庭教師などの学校外教育費がかかってきます。

そして、やはり一番お金がかかるのが大学進学時です。県外に下宿することになった場合、TVや冷蔵庫、洗濯機、掃除機などの生活家電を一通り揃えてあげる必要があります。

初年度は入学金がかかる上に、初年度の授業料などを踏まえると、かなりの金額になってきます。

まだ、3歳と1歳の子どもに、「大学は行くな……」とも言えないでしょう。ですので、この時期に大きなお金がかかることを把握しておきましょう。

ライフイベント表の子どもの大学進学時に印をしておきましょうと言ったのは、このタイミングを知っておくのがとても重要だからです。

入力していて気がついたかと思いますが、大学の4年間の総額が1000万円を超えています。ということは子どもが二人とも県外の私大に進学した場合、なんと約2000万円の教育費になることになります。

これは住宅の費用に匹敵するくらい、大きな数字です。

ですが、「子どもが大学に行きたい」と言った場合に、「諦めて!」とは、親としてはなかなか言いにくいですよね。

そして、結婚時期での援助金に関しても、いまから考えておきましょう。

結婚の時期は、あくまでもご両親の希望で考え、そして援助金はご両親が結婚された際に、色々と援助されていると思いますので、その金額と同じ額を援助してあげたいですよね。

また、子どもが将来住宅を購入する場合に、資金援助をしてあげようと思う場合は、何歳の時に、いくらぐらい援助するのかを記入しましょう。今回、山田太郎さんは新築時に親から500万円の援助があるということですので、「子どもにも500万円」と言いたいところですが、資金的に厳しそうですので、ここでは入力はしていません。大学新学資金と住宅援助資金を考えると、親の偉大さが身にしみて分かる瞬間です。

これらが、子どもの経費になります。

図30　お住まい

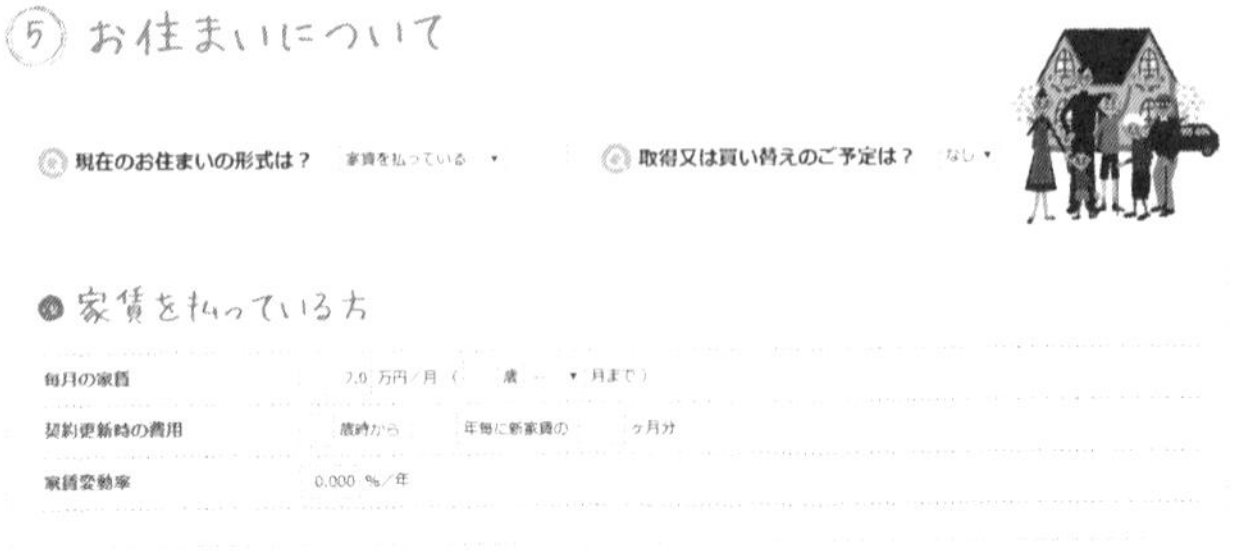

［お住まい］

続いて、お住まいです（図30）。現在、賃貸に住んでいるので、家賃を記載します。新築住宅のデータは、この項目で入力していきますが、とりあえず、現在の状況を入力する形で一つのライフプランを完成させましょう。新築に関しては、後ほど記載します。

［その他］

続いて、その他の収入と支出を見ていきます（図31）。

給与以外の臨時的な収入を「継続的なもの」「一時的なもの」に分けて、考えてみましょう。

図31　その他

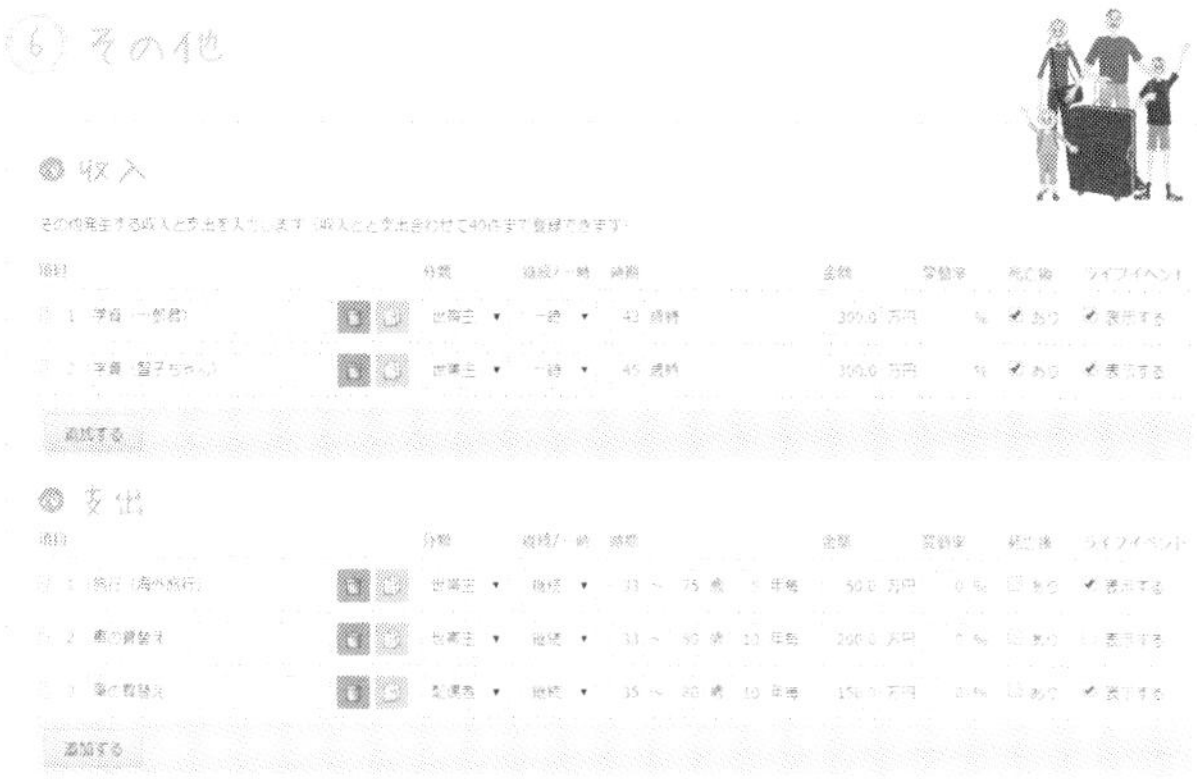

例えば、子どもが18歳の時に満期金として受け取る学資積立の収入は、一時的収入に。そして毎月の積立金額を継続的な支出として記載すると、分かりやすいと思います。

家族旅行なども、定期的に実施するのであれば、継続的支出に盛り込んでください。

また、自動車をお持ちのご家庭は、乗り替え頻度を考えます。現在の車が何年式なのか、そして何年間乗るのかを考えると、次回の乗り替え時期が見えてくると思います。

ここでのポイントは、ご主人と奥様で1台ずつお持ちの場合、なるべく乗り替え時

図32　資産運用

⑦ 資産運用について

㈣ 現在の金融資産

2013年4月1日時点の金融資産の金額と利率、そして今後の収支の黒字分の貯蓄配分を設定します

種類	金額	運用利率	今後の貯蓄配分
流動性資金（普通預金）	30 万円	0.030 %	20 %
確実性資金（定期預金、財形、保険など）	300 万円	0.300 %	60 %
利殖性資金（株式、投信、不動産、FX、外貨など）	0 万円	1.000 %	20 %

期が重ならないように乗り替えを考えるのと、車検の時期も重ならないようにすることです。同じように、子どもの大学進学と重なる可能性もありますので要注意です。

［資産運用］

次に、保有資産を書き出してみます。あえて3種類に分けて考えます（図32）。

1. 流動性資金として、普通預金やＭＲＦなどの資産
2. 確実性資金として、定期預金、財形、ＭＭＦ、保険など
3. 利殖性資金として株式、投信、不動産、ＦＸ、外貨など

に分けて書き出します。

各々の利回りが違うと思いますので、平均利回りを記載します。

こうして改めて金利を見てみると、現在の銀行金利は運用と言えるものではなく、単に預けているだけという感じがします……。

また、今後の年間収入に対して、年間支出をマイナスして貯蓄が出来る場合、貯蓄をどう割り振るかを「%」で配分することができます。将来に向けた積立や資産形成をされていると、とてもありがたみを感じる項目です。

［備え］

最後に、備えの部分を考えていきます（図33）。

万一の際にかかる必要資金としては、葬儀費用等で数百万円かかると思います。

また、遺族の生活予備資金として、万一の際の直前の生活費の約1年分は最低準備しておいてください。

奥様と子どもだけになってしまったあと、アパートの引越し、家賃の見直しを行う

図33　万一の備え

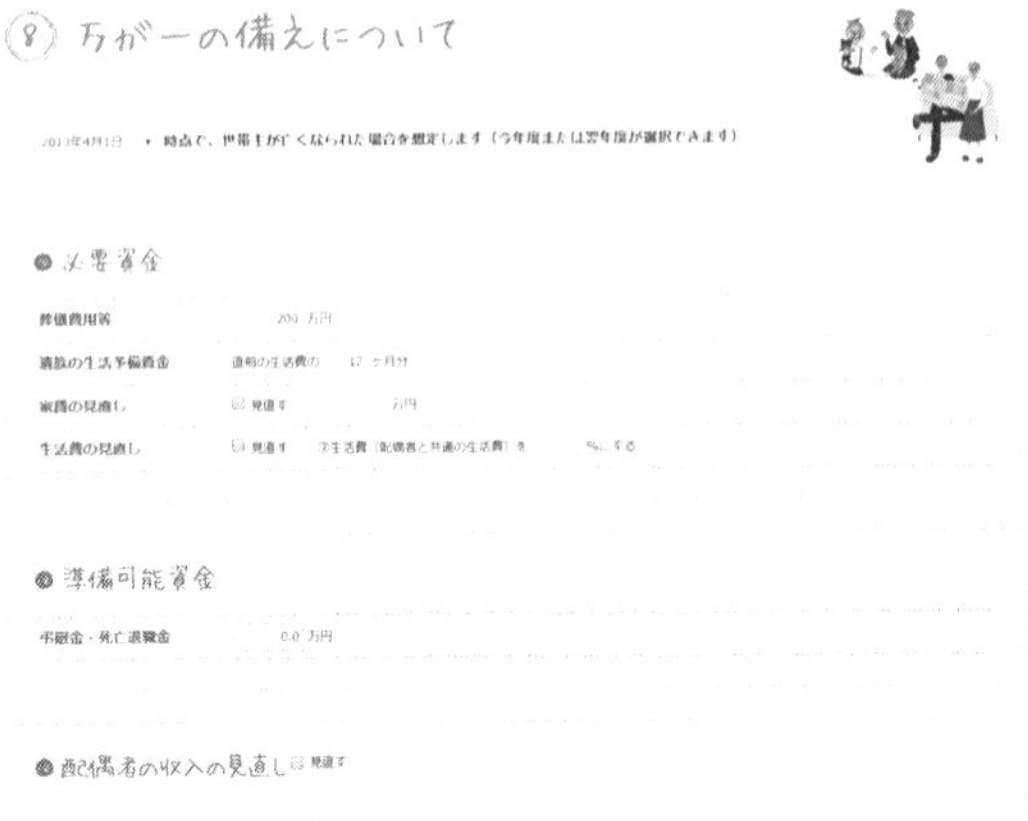

⑧ 万が一の備えについて
時点で、世帯主が亡くなられた場合を想定します（今年度または翌年度が選択できます）
必要資金
葬儀費用等　200 万円
遺族の生活予備資金　直前の生活費の　12 ヶ月分
家賃の見直し　見直す　万円
生活費の見直し　見直す　②生活費（配偶者と共通の生活費）を　%にする
準備可能資金
弔慰金・死亡退職金　0.0 万円
配偶者の収入の見直し　見直す

のかも頭に入れておきましょう。

　あと、既に万一の時の為に準備されている資金を「準備可能資金」として計上します。例えば、弔慰金・死亡退職金が分かっていれば、これは収入として盛り込みましょう。

　あとは、万一の場合の備えとして重要なのは、生命保険です。ご夫妻の生命保険を洗い出しましょう。

　皆さんの生命保険を分析すると、生命保険の掛け過ぎ、掛け間違いをおこしているご家庭が非常に多いです。

　生命保険に「入っている」という安心感はあるのですが、入ること自体が目的になりがちで、しっかりと内容をご理解されている方が非常に少ないのです。

マイホームの次に高い買い物と言われている生命保険です。

毎月2万円でも、年間で24万円。これを40年間支払うと、960万円。約1000万円になってしまいます。しかしながら、保険料が一定でも、この数字です。よくよく保険証券を見てみると、ある一定期間で更新するタイプの保険になっているケースがあります。保険は年齢と共に保険料がアップする事が多く、更新すると保険料が増えていきます。

ということは、今は2万円でも、数年後には3万円そして5万円と、増えていくこともあります。

住宅ローンを固定金利にしてローンの支払いを固定化することができても、かたや生命保険料が将来にわたりどんどん増えていくのでは、家計的には問題です。

ですので、この生命保険の部分に問題がある場合は、是非見直すことをおすすめいたします。

そもそも、住宅ローンを組むということは、団体信用生命保険に新規に加入することになります。万一の場合、住宅ローンが無くなるわけですので、それを踏まえて現在の死亡保障額が適正な金額なのかを見直す必要があります。

もし、現在の保障が適正でないケースは、見直すことで保険料が軽減できる可能性もあります。浮いた保険料は将来の繰上返済用の資金にしたり、年金資金に積立たり、有効に活用することが可能です。

ここまでのライフプランに関わる数字から、将来の家計がどうなるのか計算をします。**重要なのは、金融資産推移です。ここが、どこかの時点でマイナスになるご家庭もあります。これは要注意です。**

この金融資産がマイナスとなる場合、どの年度なのかを見てみましょう。

今まで多くの方のライフプランを実施した結果、一番多いのが、子どもの大学進学時期です。

山田さんのケースでは、「県外の私立大学に進学」という厳しいケースで計算しておりますので、マイナスになる可能性が多くなります。

この金融資産がマイナスになるということは、家計が破綻しているわけですが、悲観しないで大丈夫です。このシミュレーション上、マイナスになることを今の段階で知ることができたのが重要なのです。

将来のライフイベントに対し、今から準備できること、対策できることをしっかり考えることができます。

山田太郎さんのご家庭もグラフの通り、一郎君の大学進学時以降に金融資産がマイナスになりました。家計が破綻しています（図34上）。

そこで、対策として次の事項を提案しました。

今現在、花子さんは専業主婦です。智子ちゃんが1歳なので自宅で育児をしています。しかし、子どもを幼稚園に預けた時点からパートで働きたいと思っておられます。ということで、3年後からパート勤務にて月々約8万円の収入を得られることで再度シミュレーションします。

図34　貯蓄推移

現状は　現在の状態

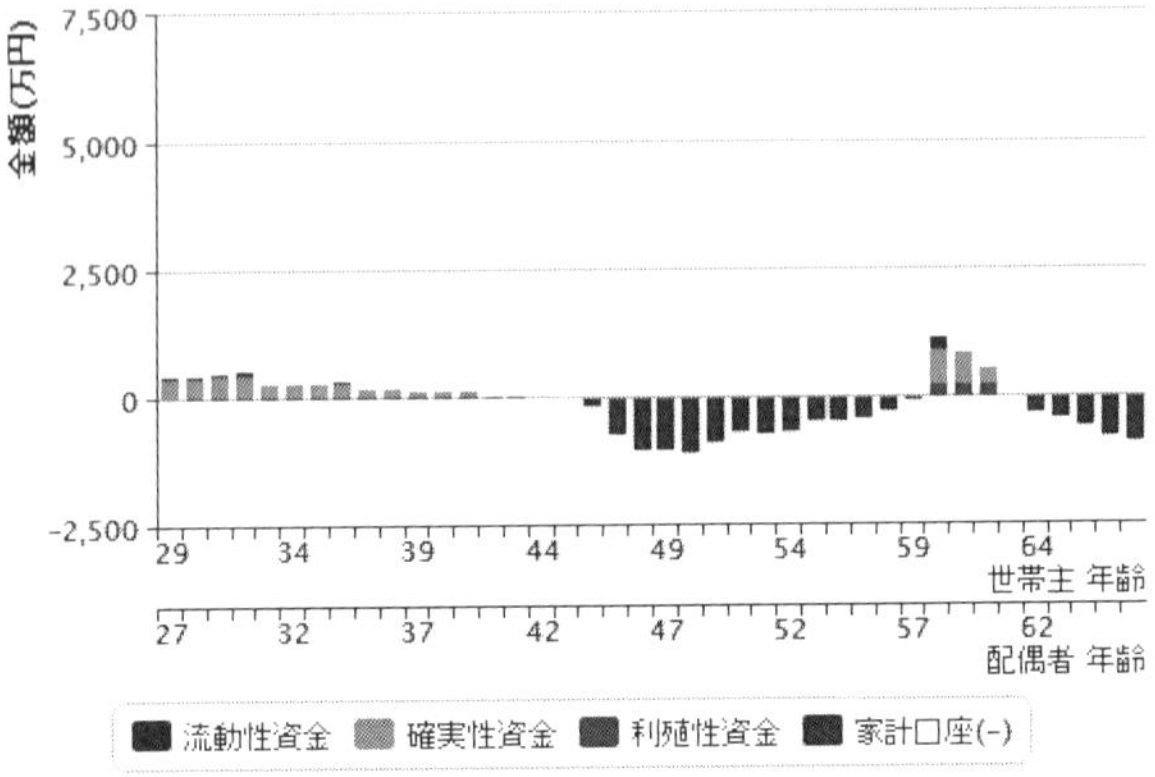

改善後　家計改善後

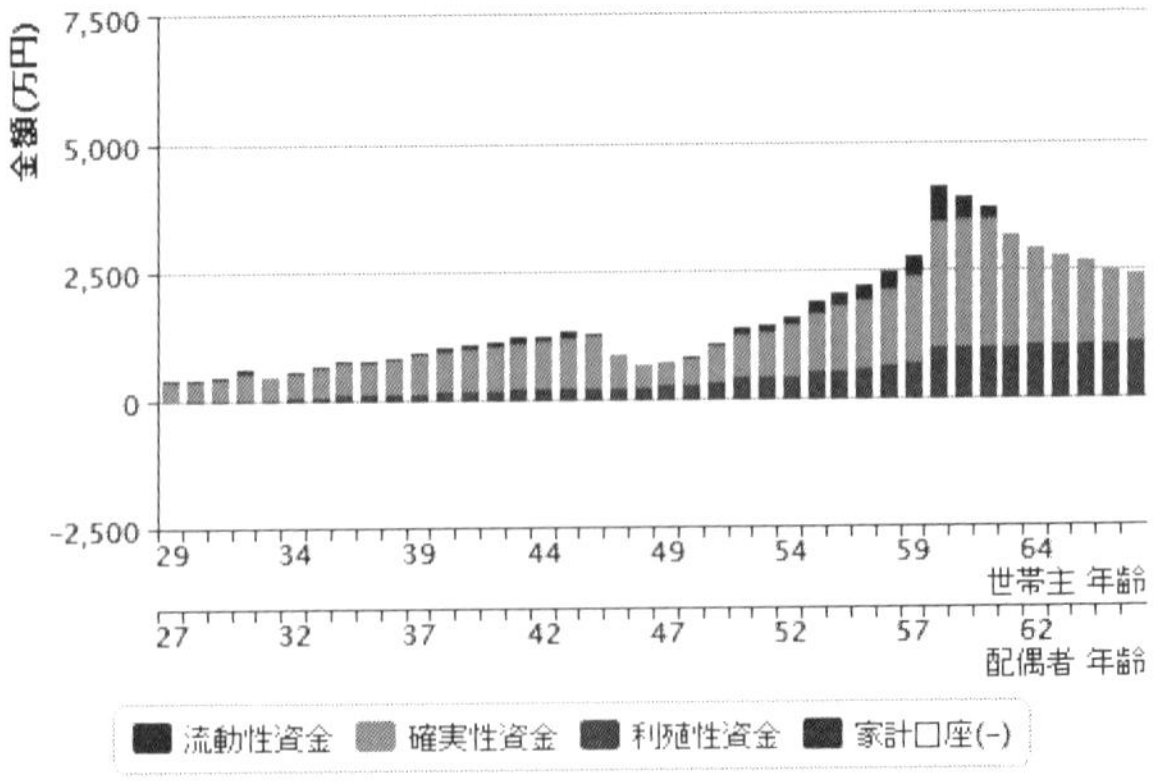

ご覧のとおり、金融資産のマイナスだった部分が無くなり、家計の破綻は改善されました。夫婦共働きは意外に効果があります（図34下）。

これで、今のままアパートに暮らしていたとしても子どもの大学進学は夢ではなくなりました。

第5章でも述べましたが、ここで留意していただきたいのは、あくまでも奥様のパート（収入）は、住宅ローンのためではなく、「教育費」あるいは旅行代や車の乗り替えなどの家族のイベントや夢の実現のために考えてほしいことです。

これで、家計の健全化を図った結果となります。

もちろん、保険の見直しなど細かい部分は今回は割愛しています。保険の見直しだけで1冊の本にできるくらい、色々なケースがあります。

【住宅資金計画】

家計の健全化が計れたシミュレーションができた時点で、次に住宅取得のシミュレーションに入ります（図35）。

図35　資金計画シミュレーション

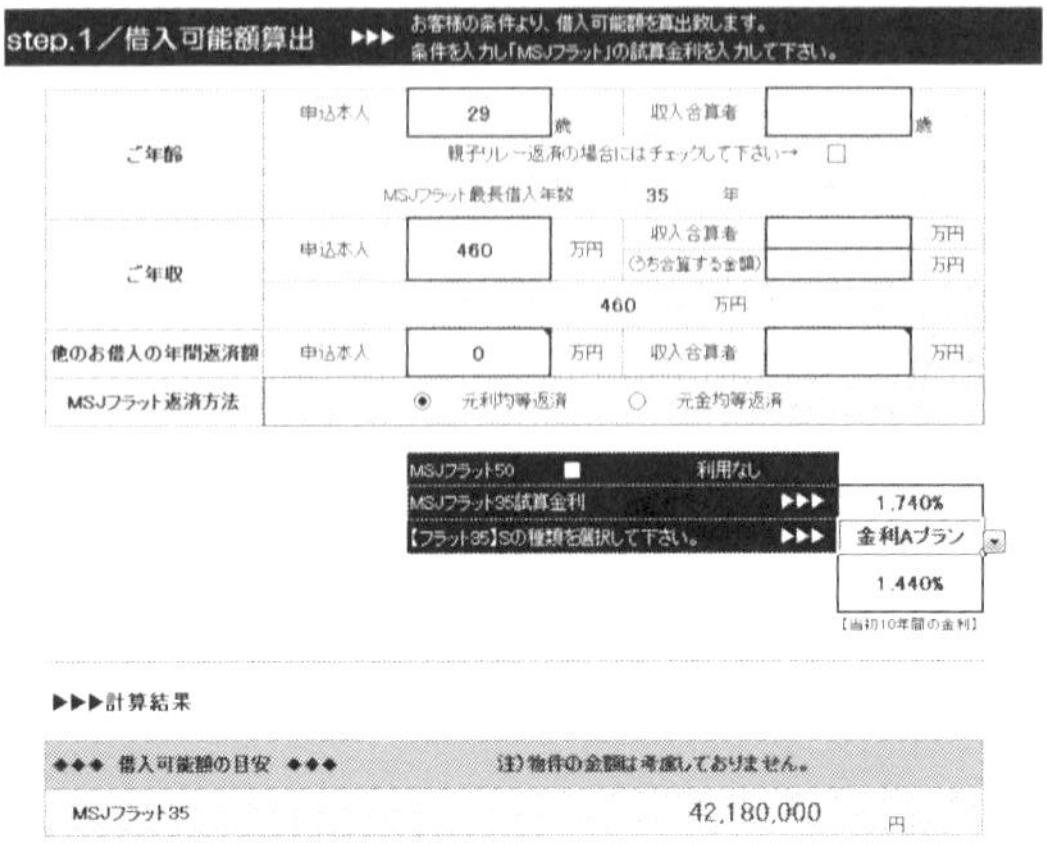

まずは、年収から借りられる金額を判断します。これは「借りてもよい金額」とは別です。フラット35の基本となっている返済比率からの計算になります。

年収４００万円未満・・・30％
年収４００万円以上・・・35％

また、もしもこの時点で自動車ローンやカードローンなどの借り入れがあると、返済負担率に含められてしまいますので、再度確認の意味で、計算ツールにて実施いたします。

山田太郎さんの場合、年収が４６０万円ですと、「フラット35で金利が１・７４％

（平成26年3月実行金利）」で計算すると、4218万円まで借り入れが可能になります。

しかし、何度も書きますが、これは借りられる限度額であって、借りてもよい額ではありません。しっかりシミュレーションした上で判断してみましょう。

では、今回の山田太郎さんが分譲価格3000万円、諸経費300万円の住宅を購入した場合のシミュレーションを実施してみます。

自己資金を400万円、贈与で300万円、合計700万円を取得時の自己資金とします。

合計3300万円の費用に対して、700万円の自己資金ですので、住宅ローンは、2600万円を借り入れる計画です。

ここで、使うのは長期間金利が変わらないフラット35S（優良住宅取得支援制度）を活用します。

住宅取得される場合、金利の優遇が受けられますので、今はとても有利な期間です。

フラット35Sを使えば、10年間は0・3％引き下げになります。

今回、フラット35のベース金利を1・74％で、10年間はフラット35Sの0・3％

※［フラット 35］Sには予算金額があり、予算金額に達する見込みとなった場合が、受付が終了します。終了日は終了する約３週間前までにフラット 35 サイト（www.flat35.com）で告知が行われます。

金利優遇期間で、1・44％となるように試算しました。

条件は元利金等返済、ボーナス返済はなしです。

借り入れが2600万円ですので、10年目までは月々は7万8846円になり、11年目以降は8万1662円になります。

目先の金利だけを考えると、どうしても3年固定とか5年固定、もしくは10年固定を選択してしまいがちになります。

しかし、ライフプランをする上で、先行きが見えない期間固定金利では、世の中の金利の変動のたびにビクビクしていなければいけない事態に陥ります。

今回、山田太郎さんのお子様二人とも県外の大学への進学という予定を立てました。この費用は大きな金額になります。かといって住宅ローンを組んだことで、子どもに進学を諦めてもらうのもかわいそうな話です。

今回、2600万円の借り入れをした場合の、キャッシュフローを計算したところ、次のグラフの通り、特に問題なく返済ができていることが分かります（図36上）。

ただ、子どもが大学に進学している太郎さんが47歳くらいのときは貯蓄残高がかなり減ることがグラフから分かると思います。

図36　自己資金を400万円(上)から600万円(下)にした場合

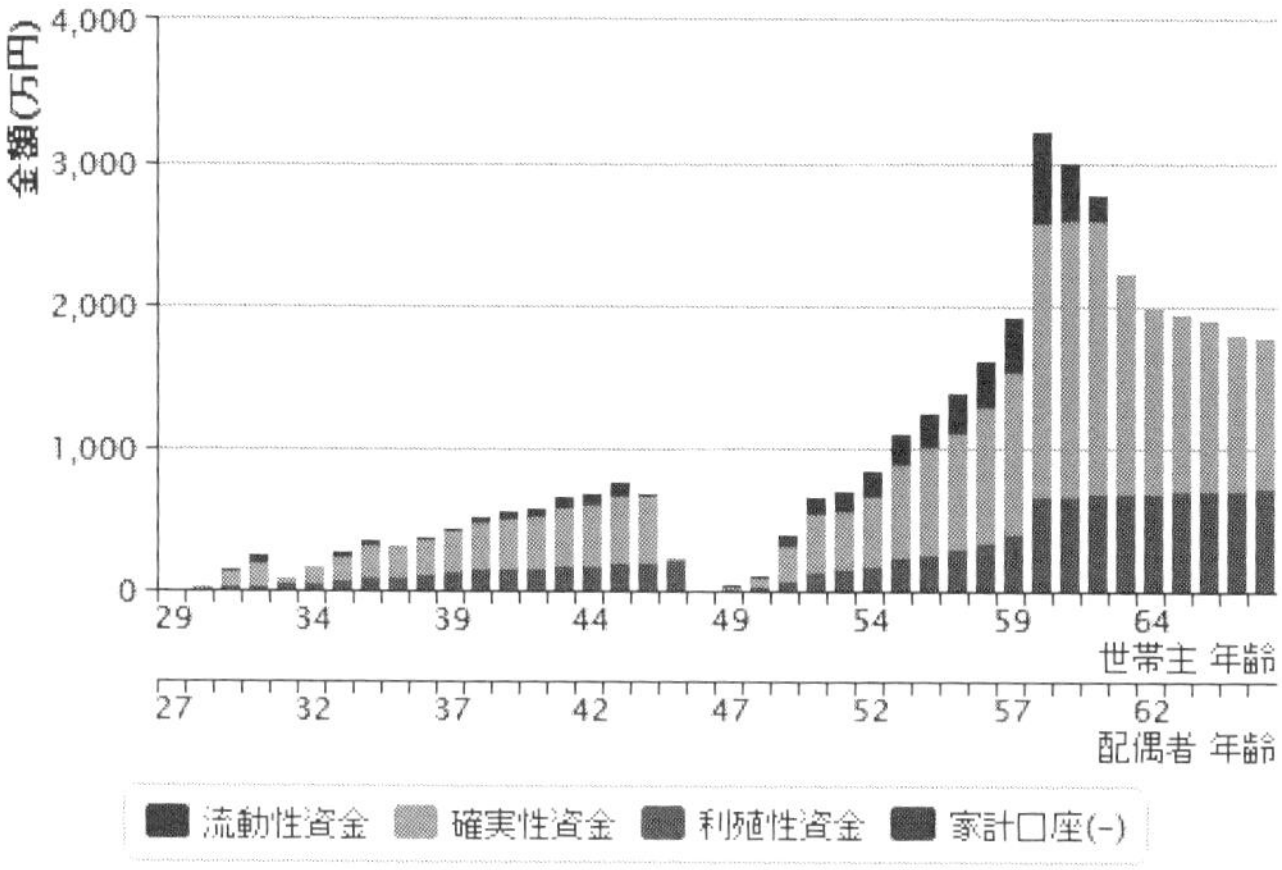

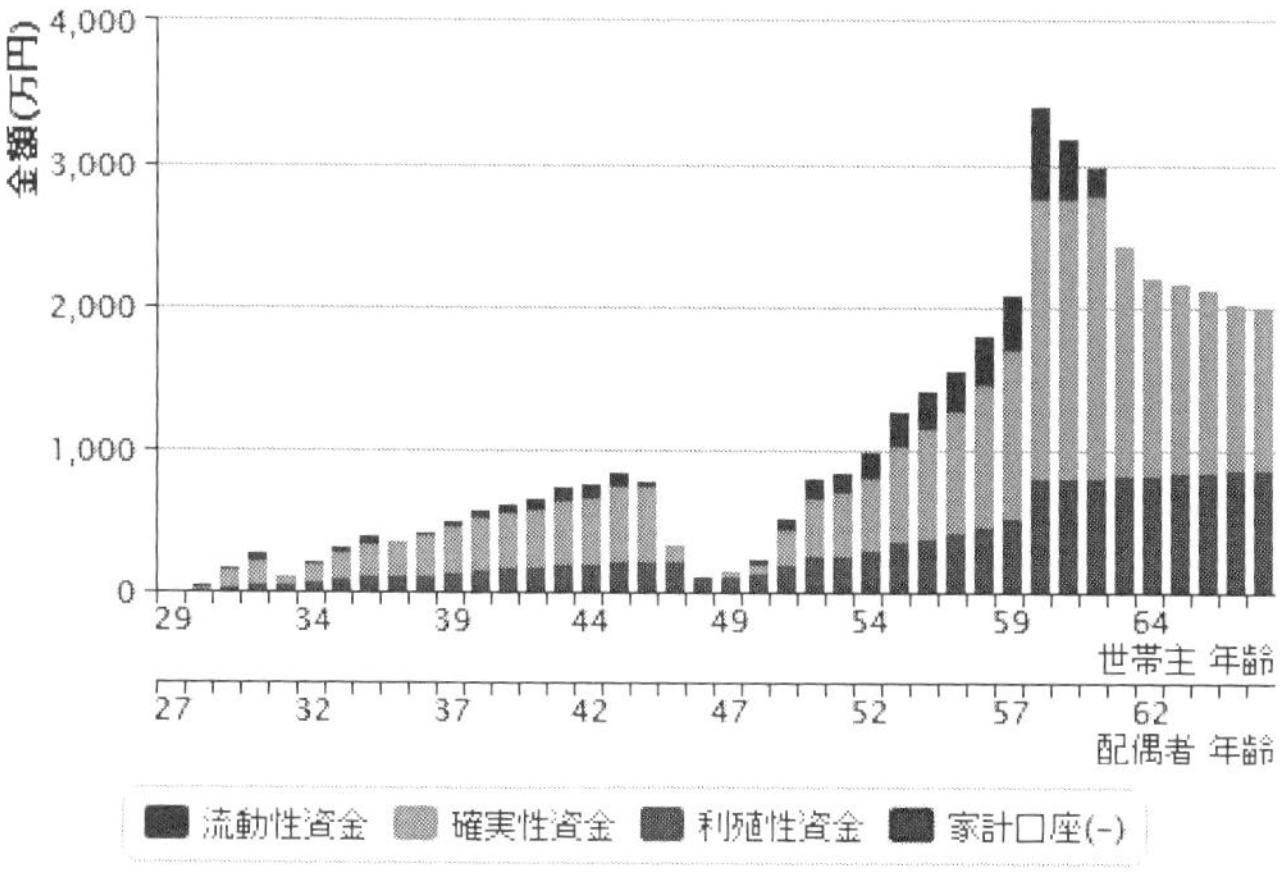

では、自己資金を400万円ではなく、600万円入れて、借り入れを2400万円にするとどうなるか見てみます。こちらも、子どもの大学進学時期には金融資産がかなり減っていることが分かります（図36下）。

どうしてもぎりぎりになっていますので、自己資金は400万円くらいに抑えておき、子どもの進学が県外の大学なのか、県内なのか、それとも進学しないのか決まってから、余裕ある資金を繰り上げ返済に充てるのがよろしいかと思います。

では次のように、少し物件価格を上げてみます。

分譲価格3300万円＋諸経費300万円＝合計3600万円
自己資金400万円＋贈与300万円＝700万円
住宅ローン：3600万円－700万円＝2900万円

この場合、次のグラフ（図37）の通り、子どもの大学時期に金融資産がマイナスに転じております。こうなると、家計の支出部分を見直して対策ができるかを考えます。

図37　2900万円借り入れた場合

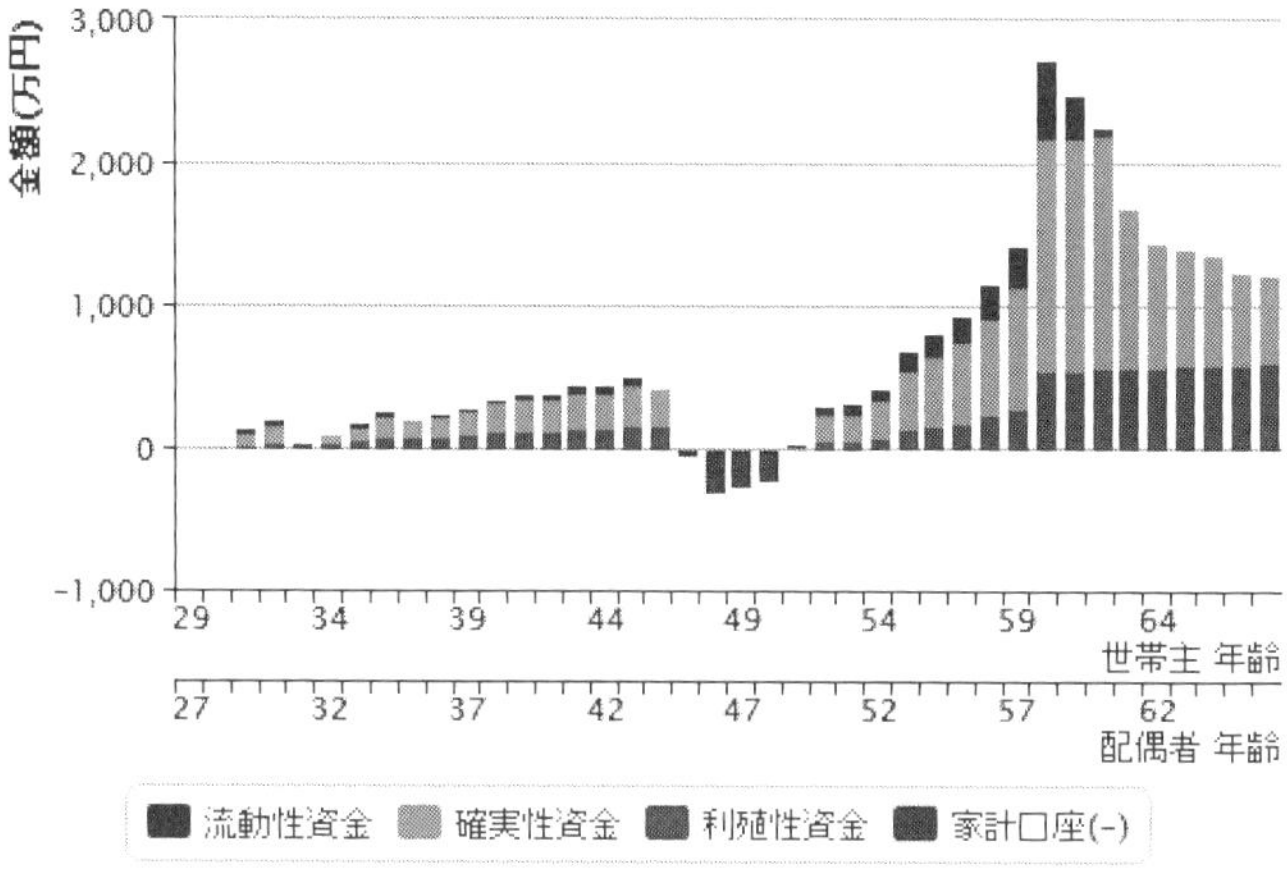

まず、大きな支出として車の乗り替えです。この金額と頻度は適正なのか？

また、生活費の中身で軽減できるところがないのか？

あとは、進学に関して奨学金という選択肢をどう考慮するか？

このように、マイナスになる部分を知って、事前に対策を練ることがライフプランニングの大切なところです。

何も問題ないくらい収入がある方であればいいのですが、このご時勢、なかなかそういう方は珍しく、ほとんどの方が対策を必要とされます。

前述のフラット35の借入限度の計算ツールでは4218万円と出ましたので、銀行からは「２９００万円はＯＫです」と回答が返ってくると思います。しかし、子どもの進学や車の乗り替え等をシミュレーションしてみると、色々な問題点が見えてくるのです。

もちろん、シミュレーションですので、この通りではないケースもあるでしょう。しかし、想定される事項を知った上で未来を見ていくというのは非常に重要です。問題点があれば、対策を打てますし、また改善もできるでしょう。

住宅取得に関しては、失敗できません。いえ、失敗しないでください。ほとんどの方が1回きりの住宅購入です。できる限り、机上のシミュレーションを行うことで、失敗を避けられます。

我々ＦＰとしての思いは、「住宅を建てられるのか?」というスタンスではなく、途中各種家族のイベント事をこなしても、「住宅ローンをしっかり完済できるのか?」ということを重視して資金計画相談に応じています。夢のマイホームを確実にそして安心して手に入れられるようアドバイスを行なっています。今一度、ライフプランニングの大切さを理解いただき、家づくりの参考にしていただけたらと思います。

おわりに

私たちのところに、住宅の資金計画のご相談に見えられる方々が、増えてきました。「ＦＰ相談の時代が来た」と言っても過言ではないと思います。

しかし中には、学者のように「わかりづらく」話すＦＰや、理想論ばかりを話すＦＰ。「住宅購入は無理ですよ」と、頭ごなしに言ってしまうＦＰたちが散見されます。

ＦＰ選びは、知識だけではなく、みなさんの夢や希望をしっかり聞いてくれ、定量的なシミュレーションを実施し、さらにその問題点の抽出から改善提案まで対応してくれるＦＰが好ましいと思います。

どうすればマイホーム取得が可能になるのか、家計の見直しアドバイスだけではなく実行支援までサポートしてくれるＦＰに相談するのがベストです。

「家を建てたいんだけど、資金計画はどこに相談していいのか？」と悩んでいる方が多い中、ＦＰとして少しでもお役に立とうと、お客様の利便性をより高める為に、ワンストップでお金の話の相談ができる相談所を立ち上げました。それが、「住まいのＦＰ相談室グループ」です。

私たち「住まいのＦＰ相談室」のＦＰは、このライフプランシミュレーションを介して、皆さまの夢であるマイホーム取得はもちろん、豊かで楽しい家庭を築くための各種アドバイスをさせていただいております（本書の中に出てくるシミュレーションツールも住宅取得予定の皆様向けに大いに役立つつくりになっております。家計の収支分析も簡単に行えます）。

夢のマイホームが「夢」で終わらないよう、願っています。

平成23年7月　著者

【著者紹介】

岡崎充輝（おかざき・みつき）

住まいのＦＰ相談室岐阜大垣店・株式会社ヘルプライフオカヤ代表。

地元商工会で中小企業の経理指導・経営指導をするかたわら、独学でファイナンシャルプランナー資格を取得。税金から社会保険にいたるまで幅広い知識を駆使しながら、個人家計の顧問ＦＰを目指し活動中。年間100件以上の家計相談をこなす一方、年間30回以上のセミナーの講師、地元ＦＭ局のパーソナリティを務めるなど精力的に活動している。

株式会社ヘルプライフオカヤ代表取締役のほか、生命保険相談センター、住まいのＦＰ相談室岐阜大垣店を運営。著書に『32歳までに知らないとヤバイお金の話』（彩図社）がある。

吉田安志（よしだ・やすし）

住まいのＦＰ相談室グループ代表、株式会社ＦＰ相談室代表、有限会社ユニバーサル・リスク・コンサルティング代表。

システムエンジニア、大手損保会社の代理店研修生を経て、37歳で起業。ＦＰとして数百世帯の家計の診断・アドバイスを行なっており、各種保険についての相談、住宅資金相談をはじめ、企業の退職金・年金相談に応じている。家計の収支分析を行なうツールや、ライフプラン用ソフトの開発にも従事。ＫＮＢ局「とれたてワイド、朝生」にレギュラー出演中。各種セミナー講師、地元ＡＭラジオのパーソナリティ、地域雑誌の執筆なども行なっている。

■株式会社 FP 相談室グループ
住宅ローンを単に「借りられるか」ではなく、「しっかり最後まで完済できるか」ということを前提に、ライフプランニングや資金計画のアドバイスを行なう、家計と資金計画のプロフェッショナル集団。全国の各エリアで、22店舗（平成26年４月現在）展開している。

住宅ローンの相談を銀行にしてはいけません

2011年9月7日　初版発行
2014年4月9日　2刷発行

著　者　岡崎充輝、吉田安志
発行者　野村直克
発行所　総合法令出版株式会社
〒103-0001 東京都中央区日本橋小伝馬町15-18
常和小伝馬町ビル9階
電話 03-5623-5121（代）

印刷・製本　中央精版印刷株式会社

落丁・乱丁本はお取替えいたします。

ISBN 978-4-86280-269-9

総合法令出版ホームページ http://www.horei.com/